Mudança constitucional

O BRASIL PÓS-88

A636m   Antunes, Marcus Vinicius Martins
        Mudança constitucional: o Brasil pós-88 / Marcus Vinicius Martins Antunes. – Porto Alegre: Livraria do Advogado, 2003.
        136 p.; 14x21 cm.

        ISBN 85-7348-255-9

        1. Direito Constitucional. 2. Poder constituinte. I. Título.

CDU – 342.4

Índices para o catálogo sistemático:

Direito Constitucional
Poder constituinte

(Bibliotecária responsável: Marta Roberto, CRB-10/652)

Marcus Vinicius Martins Antunes

Mudança constitucional
O BRASIL PÓS-88

livraria
DO ADVOGADO
editora

Porto Alegre 2003

© Marcus Vinicius Martins Antunes, 2003

Capa, projeto gráfico e diagramação
Livraria do Advogado Editora

Revisão
Rosane Marques Borba

Direitos desta edição reservados por
Livraria do Advogado Ltda.
Rua Riachuelo, 1338
90010-273 Porto Alegre RS
Fone/fax: (51) 3225 3311
livraria@doadvogado.com.br
www.doadvogado.com.br

Impresso no Brasil / Printed in Brazil

Aos que me ensinaram a querer a dignidade e a liberdade, e a amar a cultura.

Aos que lutam e sonham juntos.

Aos que me deram arrimo.

A Paulo Bonavides, que o saber e os anos fizeram rebelde.

3. PLATÃO, *Crátilo*, p. 402 A (DK 22 a 6).

Heráclito diz em alguma passagem que todas as coisas se movem e nada permanece imóvel. E, ao comparar os seres com a corrente de um rio, afirma que não poderia entrar duas vezes num mesmo rio (cf. fragmentos 91,12). – Aécio, I, 23, 7: Heráclito retira do universo a tranqüilidade e a estabilidade, pois é próprio dos mortos; e atribuía movimento a todos os seres, eterno aos eternos, perecível aos perecíveis. (In Os Pré-Socráticos, 1990, p. 85).

...

6. ARISTÓTELES, *Ética a Nicômaco*, VIII, 2.1155 b 4

Heráclito (dizendo que) o contrário é convergente e dos divergentes nasce a mais bela harmonia, e tudo segundo a discórdia.

...

30. *Idem, ibidem*, V. 105.

Este mundo, o mesmo de todos os (seres), nenhum deus, nenhum homem o fez, mas era, é e será um fogo sempre vivo, acendendo-se em medidas e apagando-se em medidas (In *Os Pré-Socráticos*, 1996, p. 88 e 90).

Nota

Como é usual, decidi manter o texto original da dissertação de mestrado, defendida, em dezembro de 2001, em Banca na Pontifícia Universidade Católica do Rio Grande do Sul, composta pelos doutores César Saldanha Souza Júnior, Lenio Luiz Streck e Ingo Wolfgang Sarlet, o último, orientador. Obteve conceito A, com unanimidade.

Fiz algumas adaptações e correções, o necessário para aperfeiçoá-la, sem desfigurar sentido do texto, pretendendo refletir um momento da investigação acerca do tema, sobre o qual, e tal qual, não há muitas publicações.

O livro é publicado, por isso, com o propósito de estimular outras investigações. Penso ter percebido uma lacuna, ou incompletude, e um problema referente à teorização sobre mudança constitucional que, parece, é oriundo de uma fragmentação epistemológica decorrente de momentos históricos distintos em que foram constituídas as teorias de poder constituinte e a teoria da reforma.

Pretendo continuar a estudar esse problema, esperando que outros sigam o mesmo caminho. Umberto Eco escreveu: "Fazer uma tese significa, pois, aprender a pôr ordem nas próprias idéias e ordenar os dados: é uma experiência de trabalho metódico; quer dizer, construir um 'objeto' que, como princípio, possa também servir aos outros". Não se encontra na obra, certamente, uma nova teorização, senão sugestão e crença na possibilidade científica de adotar outra visão, nova metódica e outras compreensões. Esse é talvez o "título secreto", a que alude Umberto Eco, aquele que mais gostaríamos de desenvolver.

Agradeço finalmente aos amigos e colegas que me estimularam à publicação, e ao Professor Ingo Sarlet, pela generosa apresentação do trabalho.

Prefácio

A obra que ora tenho a honra de prefaciar, da lavra do Professor e Mestre em Direito Marcus Vinícius Martins Antunes, versa sobre tema cuja relevância dispensa, em verdade, maiores considerações. Com efeito, o Poder Constituinte e as suas manifestações originária e derivada (com destaque para a reforma constitucional) seguem constituindo um dos temas centrais da teoria constitucional e do direito constitucional. Neste contexto, notadamente quando estão em causa a manutenção da necessária estabilidade de uma dada ordem constitucional e a igualmente indispensável possibilidade de ajustamento da obra do Constituinte a um mundo em constante processo de transformação, verifica-se a presença de uma permanente tensão (dialética e dinâmica) entre a Constituição escrita (em sentido formal) e a realidade constitucional (ou aquilo que expressiva doutrina designa de Constituição em sentido material). No caso particular da vigente ordem constitucional pátria, marcada por um número significativo de reformas levadas a efeito pelo mecanismo das emendas (habitualmente enquadradas nos métodos formais de mudança) às quais deve ser somado um leque considerável de mudanças de cunho informal (aqui no sentido – oportunamente controvertido pelo autor – de não atuantes diretamente no texto da Constituição) o enfrentamento adequado da temática assume feições emergenciais. Cuida-se, por certo, de um desafio de porte mesmo para os mais ilustres especialistas do direito constitucional, ainda mais quando se resolve abandonar as diretrizes e referenciais mais "seguros" postos pela teoria da Constituição no que diz com o tratamento da reforma constitucional. O autor, portanto, está de parabéns já pela opção temática que tomou quando da definição do seu projeto de dissertação, onde tive a oportunidade de acompanhá-lo no âmbito do Curso de Mestrado em Direito da Pontifícia Universidade Católica do Rio Grande do Sul e que, após uma defesa bem-sucedida perante comissão examinadora que tive o privilégio de presidir, resultou no presente livro.

Tendo em mente que um prefácio não deve – pelo menos no nosso sentir – discorrer longamente sobre o conteúdo da obra, ou mesmo antecipar e discutir as posições tomadas pelo autor, penso ser adequado apontar aqui algumas das virtudes do trabalho, destacando-se o fato de ter o autor, corretamente, mencionado a dimensão ideológica do problema, após distinguir mudança social e jurídica, não deixando, ao final, de inserir o processo de mudança da Constituição de 1988 no seu contexto político, social, econômico e cultural. Além disso, o autor transcendeu a dimensão meramente descritiva e buscou oferecer uma visão crítica de aspectos relevantes ligados ao tema. No âmbito da sua inequívoca e incensurável autonomia científica, como conhecido professor de direito constitucional e pesquisador, adotou postura reflexiva que merece ser saudada, não nos cabendo aqui adentrar as questões de fundo lançadas ao longo do texto. Importante é que o leitor terá em mãos uma obra que instiga o debate e que se soma aos esforços significativos que têm sido efetuados no âmbito da doutrina nacional no sentido da compreensão e do adequado tratamento dos problemas vinculados à mudança constitucional.

Porto Alegre, janeiro de 2003.

Prof. Dr. Ingo Wolfgang Sarlet

Sumário

Introdução 15

1. Mudança constitucional e seu âmbito 21
  1.1. Mudança como categoria universal 21
  1.2. Mudança social 22
  1.3. Mudança jurídica 27
  1.4. Mudança constitucional e teoria da Constituição 30
    1.4.1. Constituição material e Constituição formal 30
    1.4.2. O Estado, o Direito e a ideologia 33
    1.4.3. Algumas perspectivas 36
    1.4.4. Problema metodológico 39

2. Mudança constitucional e poder constituinte 45
  2.1. Contexto histórico e gênese da teoria 45
  2.2. Desenvolvimento e crítica da teoria 48
  2.3. Poder constituinte material e poder constituinte formal ... 52
    2.3.1. Poder constituinte material 53
    2.3.2. Fatores do poder constituinte material 54
    2.3.3. Poder constituinte formal originário 56
  2.4. Mudança parcial por reforma e poder constituinte derivado ... 59
    2.4.1. Considerações preliminares 59
    2.4.2. Formas de exercício 60
    2.4.3. O problema dos limites 61
    2.4.4. Tipos de limites 63

3. Mudança constitucional parcial por mutação 69
  3.1. Considerações preliminares 69
  3.2. Diferentes concepções 71
  3.3. As espécies de mudança parcial por mutação 72
  3.4. Os limites da mudança parcial por mutação 77
  3.5. Problema terminológico 84
  3.6. Conexões teórico/práticas entre mudança parcial por reforma e por mutação 86

4. Mudança constitucional no Brasil pós-88 89
   4.1. Antecedentes 89
      4.1.1. Mudança nas Constituições brasileiras 89
      4.1.2. O processo constituinte 1987/8 96
   4.2. Mudança na Constituição de 1988 100
      4.2.1. Considerações preliminares 100
      4.2.2. Mudança por mutação.................... 101
   4.3. A reforma constitucional 104
      4.3.1. Revisão 105
      4.3.2. Reforma segundo as disposições permanentes:
           problema dos limites 108
      4.3.2.1. Limites expressos na Constituição brasileira 108
      4.3.2.2. Limites não expressos na Constituição brasileira .. 113
      4.3.3. Balanço da reforma 116
      4.3.3.1. Mudança da Constituição e limites em debate 116
      4.3.3.2. Conteúdo e significado da mudança em debate ... 118
      4.3.4. Contexto da reforma: economia e ideologia como
           elementos subjacentes.................... 122

Conclusão 127

Referencial bibliográfico 133

Introdução

O presente trabalho decorre de dupla motivação – interesse teórico e de *praxis*. Nos anos anteriores, antecipáramos uma série de conclusões acerca do tema, sobretudo quanto à questão do poder constituinte, na elaboração da Constituição de 1988. Posteriormente, a freqüência da reforma, e sua direção, foram instigantes da investigação.

O estudo serviria, inclusive para o autor, de revisão – algo como o "estado da arte" – das categorias fundamentais, ainda que não fosse esse o propósito central. Isto constituiria base teórica para o caso brasileiro pós-88. Para tanto, o estudo não só percorre caminhos tradicionais – conceito de constituição material e formal, poder constituinte – mas, principalmente, vinca as conexões dinâmicas que necessariamente se constituem entre o Estado, o direito, a Constituição, a ruptura política, os "fatores sociais" e a efetividade, "o sentimento constitucional" e a "vontade constitucional". Assim, são acentuadas as conexões entre "poder constituinte originário", *material e formal, e "poder de reforma" e "mutação"*. O estudo sugere, por sua lógica, que questões transcendentais, como os "limites" a cada um desses processos, não podem ser determinados senão segundo uma cosmovisão jurídica. Trai, assim, a assimilação de certas referências teóricas: Ferdinand Lassale, Konrad Hesse (em suas justas objeções ao primeiro), Peter Häberle, quanto à abertura hermenêutica, o constitucionalismo francês – Maurice Duverger – e fora da esfera estritamente jurídica, o método dialético de Marx. Não se trata, por certo, de ecletismo, mas da perseguição do fio condutor a partir de diferentes contribuições teóricas.

Com esse fio condutor, que pensamos, é visível, foi posto o foco na realidade brasileira. O processo de mudança na Constituição de 1988 é marcado por freqüência e, até certo ponto, profundidade. A Lei Maior sofrera até novembro de 2001, em treze anos, trinta e duas emendas, produzidas de acordo com as disposições permanentes, e mais seis, de acordo com as disposições do artigo terceiro do Ato Constitucional das Disposições Transitórias. Comparativamente com a América do Norte e a Europa, isso constitui um processo de instabilidade e de crise constitucional. As Emendas, no que têm de mais importante, constituem uma tendência a despir o Estado de prerrogativas, a privatizar a economia e a enfraquecer o controle da economia nacional sobre o capital estrangeiro, como os casos das Emendas n°s 5, 6, 7, 8, 9, 20, impulsionadas – em parte, ao menos – pelo processo de "globalização" neo-liberal.

Ora, tal processo de mudança por "meio formal", isto é, com alteração do texto, sugere e incita um repensar das bases teóricas da mudança constitucional – "formal" e "informal" – e de suas conexões e articulações com os processos de mudança jurídica e mudança social, como parte de um processo incessante de mudança universal. Se é importante denunciar a ultrapassagem de limites ao poder de reforma, *não menos importante* é indagar suas causas, que transcendem, sem dúvida, a mera ciência do direito.

O trabalho tem algo de exploratório, o que – cremos – não o deslegitima. Exploratório, em primeiro lugar, porque as conclusões não são peremptórias, deixando margem para estudos ulteriores mais aprofundados. Em segundo, porque literatura com tal perspectiva não é abundante. Em terceiro lugar, porque o trabalho sugere tratamento teórico unitário e diferente do processo de mudança constitucional – a nosso juízo feito insuficientemente pela doutrina: a superação da teoria clássica do poder constituinte e da teoria da mudança "formal e informal" tradicional, como pólos desarticulados e separados.

Metodologicamente, a vantagem parece inegável, porque permite perceber os elos, mais ou menos visíveis, que existem entre as determinações no processo constituinte e as determinações que existem no processo e nos limites do poder de reforma e de mutação. Ou seja, a conexão e a interação permanentes entre "realidade" e "norma".

O trabalho sugere, mas não traça um campo teórico novo. Porém, serve de estímulo para prosseguir. Um dos resultados palpáveis de tal tratamento metodológico é, por exemplo, a melhor apuração da relação entre os limites estreitos, impostos ao poder constituinte material e formal pré-88: a ambigüidade continuidade/renovação, sem ruptura institucional e, opostamente, por carência de mais legitimação popular, a ultrapassagem mais ou menos visível dos limites do poder de reforma por Deputados e Senadores, no processo de emendas pós-88.

À mingua de uma literatura sistemática, o trabalho se vale dum conceito "deliberadamente vago" – "vicissitude constitucional" - formulado pelo professor Jorge Miranda, para dar o referido tratamento unitário.

Fica também transparente no trabalho a necessidade de solução para outro problema: o de linguagem, quando se aborda a mudança sem alteração do texto. Sem pretender banir a linguagem tradicional, adotam-se as expressões "mudança integral" para designar a mudança que represente a substituição de uma constituição escrita por outra que encontra explicação ou justificativa jurídica na teoria do poder constituinte. E a expressão "mudança parcial" designa a mudança ocorrida nos marcos de uma mesma constituição, por reforma ou mutação.

Assim, transparece um esforço de mostrar a existência de limites do poder constituinte originário – algo já reconhecido por muitos juristas nas últimas décadas – em contraste com uma literatura que, no Brasil, é até agora, muito limitada e de escassos resultados teóricos. Isto se mostra justamente no caso da "Nova República", transição pactada e, portanto, limitada, nos antecedentes da Constituição de 1988.

Um conceito importante, adotado no trabalho, é o de *poder constituinte material*. Quiçá venha a surgir expressão mais adequada. Porém, tal conceito é importante porque ajuda a deixar claros os limites do poder constituinte formal, isto é, dos agentes do poder constituinte originário – normalmente Assembléia Constituinte – que encontram, preexistente à sua atividade, uma "idéia de direito" estabelecida por uma hegemonia. Tal conceito é desenvolvido pelo professor Jorge Miranda (embora não só por este). Assim como existe uma teoria formal e uma teoria material de Constituição, deve haver, logicamente, uma teoria material e uma teoria formal – inseparáveis do poder constituinte.

A teoria do poder constituinte derivado é descrita a partir de uma síntese analítica de Pedro de la Vega, que remete à obra de Konrad Hesse. Este, por sua vez, reconhece apoiar-se em aspectos da obra de Herman Heller em sua teoria dicotômica "normatividade/normalidade" e, mais proximamente, no que considera uma importante contribuição de Friedrich Müller, com sua teoria material/concretista, reconhecendo o programa normativo e o âmbito da norma como pólos de uma unidade, na busca de superar o pensamento de origem positivista, de radical separação entre "ser" e "dever ser", entre "norma" e "realidade".

Linhas de análise da sociologia jurídica, como a de José Eduardo Faria e de Miranda Rosa também servem como fio condutor para realçar os níveis de articulação entre "realidade" e "norma". Assim, o processo constituinte pré-88 é apresentado, formal e materialmente, como autolimitado pelo meio, pelo modo e pelo conteúdo da transição, em termos de consenso e força, e isso irá refletir-se no processo de mudança ulterior. O "ser" das forças políticas de transição impede o reestabelecimento de um "dever ser" mais radicalmente transformador e, ao mesmo tempo, contribui para uma certa deslegitimação do processo constitucionalista pré-88. A pulverização partidária, o fisiologismo e a falta de acordo político, que, por exemplo, imitasse razoavelmente o Pacto de Moncloa – compõem a mesma linha explicativa. O consenso mais consolidado – a restauração das "liberdades democráticas" – é o que se manterá mais íntegro, a todo tempo, sem retrocessos evidentes.

A mudança constitucional no Brasil pós-88, parece-nos, assim, marcada por um elemento genético: fragilidade, não determinante, mas importante.

Agrega-se finalmente um elemento explicativo fundamental nas mudanças: o contexto internacional das décadas de oitenta e noventa do século passado – a hegemonia da globalização neoliberal. O elemento ideológico aparece com nitidez. É a "realidade" a mudar o texto, "por dentro", e "por fora", bloqueando a edição de regras integradoras, refletindo-se em outros aspectos da interpretação do próprio Supremo Tribunal Federal: relativa facilidade de aceitação e reconhecimento de normas "não auto-aplicáveis", de práticas inconstitucionais – reedições de medidas provisórias – e de práticas legislativas e administrativas que destoam do texto, como o voto de liderança, por exemplo.

Neste espaço, o trabalho também busca apoio nas importantes contribuições de sociólogos do direito, como José Eduardo Faria e Boaventura de Souza Santos, que, justamente, procuram superar as tradicionais resistências no mundo jurídico/acadêmico à interdisciplinariedade, ou à transdisciplinariedade.

1. Mudança constitucional e seu âmbito

1.1. Mudança como categoria universal

A mudança, como categoria universal, pode ser entendida como

> "forma mas general de existencia de todos los objetos, fenómenos, que constituye cualquier movimiento y interacción, el paso de un estado a otro. El C. incluye traslados espaciales, metamorfosis interiores de las formas de movimiento, todos los procesos de desarollo, así como el surgimiento de los nuevos fenómenos en el mundo. El C. abarca tanto el aumento cuantitativo y la disminución de las características, como sus transformaciones cualitativas."[1]

A mudança compreende, portanto, diferentes formas e graus, sendo processo permanente que se dá em todas as esferas da realidade: na natureza, na sociedade e nas formas de organização social.

O homem social não brota espontaneamente do sistema de natureza, para criar o seu próprio. Adapta a natureza, e adapta-a a si. O sistema jurídico não se deduz automaticamente do social, mas, ao contrário, deriva da ordem conflitiva. O Direito Constitucional, "estatuto jurídico do político", enquanto âmbito de re-

---
[1] Academia de Ciencias. *Diccionario de Filosofia*, 1984.

gulação do Estado, não serve, mecanicamente ao sistema jurídico – interage com ele, numa dinâmica contínua de condicionamento e determinação. Em suma, não há uma derivação espontânea e mecânica, mas um aparecer derivado de contradições.

A mudança na natureza, sem a participação do homem, possui características próprias, e possui, também ela, uma "história". Conforme Kelsen,[2] a natureza é uma ordem ou sistema de elementos relacionados uns com os outros por um princípio particular: o da *causalidade*. A sociedade, ao contrário, é uma ordem que regula a conduta humana, a natureza pertencendo ao domínio da necessidade; a sociedade, ao da liberdade. Para ele, o homem é livre porque está fora da causalidade e se encontra no domínio da imputação – sendo algo, deve ser outro tanto. É outro nosso ponto de vista, porém, como adiante se vê.

1.2. Mudança social

Na sociedade, há simultaneamente causalidade e imputação, liberdade e determinação, numa dinâmica complexa.

Daí que, na esfera da vida social, a mudança tenha aspectos específicos:

"A.1. Mudança social designa uma diferença observada em relação a estados anteriores da estrutura, instituições e hábitos sociais, ou aparelhamento de uma sociedade na medida em que essa mudança resulta: a) de medidas legislativas ou outras iniciativas de caráter público para dirigir a conduta de seus membros, ou b) de uma mudança, seja numa

---

[2] KELSEN, Hans. *Teoria Pura Del Derecho*, 1974; p. 304, define mudança social como "toda transformação observável no tempo, que afeta, de maneira que não seja provisória ou efêmera, a estrutura ou o funcionamento da organização social de dada coletividade e modifica o curso de sua história. É a mudança de estrutura resultante da ação histórica de certos fatores ou de certos grupos no seio de dada coletividade".

subestrutura especificada ou setor dominante da existência social, seja no ambiente físico ou social, ou c) da repercussão das ações sociais adotadas em conformidade com as maneiras sistematicamente relacionadas de satisfazer às necessidades e corresponder às expectativas que prevalecem numa sociedade".[3]

Miranda Rosa[4] joga luz sobre o problema, salientando, porém, as possibilidades transformadoras.

"O Direito é fato social. Ele se manifesta como uma das realidades observáveis na sociedade. É o instrumento institucionalizado de maior importância para o controle social. Desde o inicio das sociedades organizadas manifestou-se o fenômeno jurídico, como sistema de normas de conduta a que corresponde uma coação exercida pela sociedades, segundo certos princípios aprovados e obedientes a formas predeterminadas.

A mudança social, que opera em escala planetária, repercute assim, sempre, na transformação do Direito. O fato, notório aliás, mereceu de Friedmann um preciso exame em três livros interessantes, em um dos quais o analisou de forma genérica, focalizando especialmente as interações da mudança social com a mudança do Direito, lembrando que os estímulos sociais à modificação da ordem jurídica assumem formas variadas, seja pelo crescimento lento da pressão dos padrões e normas alterados da vida social, criando uma distância cada vez maior entre os fatos da vida e o Direito, seja pela súbita e imperiosa exigência de certas emergências nacionais, visando a uma redistribuição dos recursos naturais ou novos paradigmas de justiça social, ou

---

[3] Burns, Tom. Mudança Social (Social Change), *Dicionário de Ciências Sociais*, 1980, p. 791, 792.
[4] *Sociologia do Direito: o fenômeno jurídico como fator social*, 1996, p. 57, 58, 59, 91.

seja ainda pelos novos desenvolvimentos científicos.

Da mesma forma que os conceitos de 'controle social', de 'papel' e de 'anomia', o de mudança social é relevante, dadas as funções que o Direito tem, do ponto de vista sociológico, de instrumento de controle social, por vezes agindo como fator de conservação, ou de educação, mas também, em outras oportunidades, como fator de transformação.

Nesta última função, o Direito atua freqüentemente como agente de mudança social, embora sempre dentro dos limites de autopreservação da ordem social que o edita. Como fato estrutural, ele pode ser usado para modificar a sociedade, embora sem destruir as estruturas básicas que o validam e o garantem".

E esclarece:

"Se o Direito é condicionado pelas realidades do meio em que se manifesta, entretanto, age também como elemento condicionante. A integração entre todos os componentes de um complexo cultural é um dos fatos de maior significação na vida social. A exata compreensão da sociedade como campo em que essa interação múltipla opera entre milhares de fatores influentes é indispensável a quem cuide do estudo das Ciências Sociais. Essa compreensão leva à convicção da extrema mutabilidade dos fenômenos dos grupos humanos, do estado de fluidez permanente que eles apresentam. E faz que se perceba seguramente que cada um dos elementos influentes na vida social é, ao mesmo tempo, condicionante e condicionado.

O fenômeno jurídico é, assim, reflexo da realidade social subjacente, mas também fator condicionante dessa realidade. Ele atua sobre a sociedade, como as outras formas pelas quais se apresenta o complexo sociocultural. A vida política é regulada pelas normas de Direito. Ela se processa segundo princípios e normas fixados na ordem jurídica, e o Estado, mesmo, é a institucionalização maior dessa ordem jurídica estabelecida. Em todos os aspectos, está presente a regra de Direito. Os fatos econômicos, certamente os de maior influência no condicionamento geral da sociedade, são contudo, também eles, condicionados pelos demais, desde a arte, o senso estético, as religiões, as valorações coletivas, e assim também pelo Direito. O que aqui denominamos 'condicionamento', e no caso, o 'condicionamento de retorno', do Direito sobre o sócio-econômico é, *mutatis mutandi*, a 'sobredeterminação' da teorização althusseriana, que a reconhece nas diversas 'instâncias' de qualquer formação social concreta. Outra coisa não é, também o que outros autores marxistas, principalmente de países socialistas, chama de 'efeito constitutivo' das formas jurídicas, reconhecendo a importância que esse 'feito' tem na conformação das condições econômicas".

Para Hely Chinoy,[5] a sociedade não é apenas um nome coletivo para muitos indivíduos - e nisso se reporta a Spencer - *mas uma entidade característica que transcende aos indivíduos que a ele pertencem*. Tampouco é a sociedade apenas um fenômeno psíquico, mas um dado da realidade. Durkeim explica:

"Otra de nuestras proposiciones también ha sido atacada y no con menos fuerza que la anterior: se trata de la que presenta los fenómenos sociales como exteriores a los indivíduos. (...) Ya casi no hay sociólogos que nieguen especificidad a la sociología. Pero, como la sociedad se compone de indivíduos, parece de sentido comun que la vida social no tenga otro substrato que la conciencia indivi-

---

[5] Sociedade, in *Dicionário de Ciências Sociais*, 1986, p. 1140.

dual; en otras palabras, parece permanecer en el aire e planear en el vacio."[6]

A sociedade, como algo especificamente humano, tem tanto de necessidade, diante da adversidade em relação à natureza, quanto de racionalidade, marcada por esse condicionamento. Suas relações com o Estado e o Direito são sempre instigantes de reflexão.

José Eduardo Faria[7] busca elucidar as determinações e o nível das articulações existentes. Põe em relevo o conteúdo, como expressão da disputa pela hegemonia:

"1. Existem inúmeros padrões de organização da vida social, os quais variam conforme o grau de articulação dos modos de produção com as formas de dominação. É por esse motivo, justamente, que o direito não pode ser visto como algo analiticamente dissociado dos fenômenos econômico-político e cultural. Nesse sentido, ele não é uma instância autônoma e subsistente por si mesma, porém dependente de outras instâncias que o determinam e o condicionam, do mesmo modo como também acabam sendo por ele determinadas e condicionadas.
2. Suas transformações, conseqüentemente, são produto do conflito hegemônico entre grupos e classes que procuram apropriar-se dos mecanismos institucionais de controle, organização, direção, regulação e arbitragem, a fim de manter e assegurar um padrão determinado de relações sociais. *A função específica da ação jurídica consiste, então, não em tentar a superação das contradições decorrentes dessa ordem, mas em garantir sua manutenção em estado de relativa latência mediante complexas estratégias de generalização das expectativas, trivialização dos antagonismos, dispersão das tensões, repressão e exclusão dos atores disfuncionais.* (grifei)

---

[6] *Regras do Método Sociológico*, México, p. 20.
[7] *Eficácia Jurídica e Violência Simbólica: o direito como instrumento de transformação social*, 1988, p. 163/4.

...
5. Por isso, uma vez que a experiência jurídica jamais pode ser dissociada dos processos históricos em que está inserida, os quais lhe dão forma e sentido, a Ciência do Direito somente é possível quando em condições de reconhecer sua integração em formações sociais específicas. Em outras palavras: toda investigação relativa, por exemplo, à função social da dogmática, ao papel do direito como instrumento de mudança planejada ou à modernização das instituições jurídicas, deve ser necessariamente examinada em conjunto e à luz das condições objetivas da disputa pela hegemonia econômica e da luta pelo poder".

1.3. Mudança jurídica

Aparentemente, não se dá suficiente atenção teórica à mudança jurídica. Tradicionalmente, o tema é tratado através do estudo das fontes do direito, mais como forma de expressão das normas – fontes formais – do que busca de explicações de causa/efeito, ação e reação.[8] Ao examinar as chamadas "fontes materiais" do direito, os juristas tangenciam o problema, mas não o tratam como problema central. Ressalve-se a moderna sociologia jurídica, que procura aprofundar o tema.

A mudança jurídica, nascida no interior do processo social, como um de seus aspectos, qualifica-se por um certo grau de reconhecimento dos elementos dinâmicos da sociedade, de uma avaliação ou valoração do fato social em movimento, e pela determinação de impor aos grupos ou à sociedade, como padrão ou regra de comportamento, o resultado ou a configuração produzida pelo fato social. Mas não se limita a isso – pretende, também, modificar o fato social, ou alterar, para mais ou

---

[8] Tércio Sampaio Ferraz procura demonstrar que a teoria das fontes do direito é uma teoria do estado burguês nascente.

para menos, o ritmo ou o rumo das mudanças sociais. Imprime também um selo de continuidade e racionalidade ao proceder humano. Produz alterações no núcleo ou na periferia do sistema social. A mudança jurídica, enquanto mudança social qualificada, produz efeitos para fora – sobre as esferas dos subsistemas sociais – e para dentro – ou seja, sobre os subsistemas jurídicos.

Cláudio e Solange Souto[9] acentuam estas conexões, assinalando que não há mudança social sem mudança jurídica:[10]

> "Mudança social é alteração do social e este é igual ao normativo-social. Então, mudança social é mudança normativo-social. Ora, qualquer que seja a concepção que se tenha do direito, não se nega o seu caráter de norma social, considerada a mais fundamental pelos grupos que a aceitem. Mudança social é, desse modo, essencialmente, alteração do direito"

Karl Loewenstein,[11] com acuidade e espírito dialético, percebe claramente os limites e possibilidades do direito:

> "Hoy sabemos que las leyes pueden mucho menos de lo que se creía todavía hace un siglo, que expresan siempre, únicamente, un deber ser cuya transformación en ser nunca se consigue plenamente porque la vida real produce siempre hechos que no corresponden a la imagen racional que dibuja el legislador.
> ...
> Ahora bien, volviendo la mirada hacia la constitución del Estado liberal democrático y con una estructura pluralista, se observa que aún la mejor

---

[9] *A Explicação Sociológica: Uma Introdução à Sociologia*, 1985, p. 267.
[10] Posição a que não aderimos, por distinguir norma jurídica das outras normas sociais, como as éticas, religiosas, ou técnicas, não independentes, mas com autonomia relativa.
[11] *Teoría de la Constitución*, 1983, p. 163.

constitución – esto és, aquella que goza del mayor consenso y que ha sido elaborada de la forma más cuidadosa – és tan sólo un compromiso, no pudiendo ser, además, otra cosa. La constitución presenta la situación de equilíbrio temporal entre las fuerzas sociales que participan en su nacimiento, tal como están 'representadas' a través de los partidos políticos. Los grupos que participan en el acto de creación constitucional se esfuerzan, a través de una mútua acomodación a sus intereses, por conseguir un equilibrio aceptable para todos ellos, y que presente el máximo acercamiento entre la constitución real y legal, tal como fué formulado por Lasalle en su famosa conferencia de 1862 sobre la esencia de la constitución o, como se podría decir, que muestre una concordancia entre la estructura social y legal. Por outra parte, es necesario tener en cuenta que identidad ideal no puede nunca ser alcanzada. Una constitución 'ideal' no há existido jamás, y jamás existirá. No es tan sólo el hecho de que una constitución no pueda adaptarse nunca plenamente a las tensiones internas, en constante cambio, de las fuerzas políticas y de los intereses pluralistas, sino que no existe ningún 'tipo ideal' de constitución que pueda encajar por igual en todos los Estados".[12]

---

[12] Pontes de Miranda, *Tratado de Direito Privado*, Tomo I, 1954, p. 5 e 9, numa visão tida por naturalista, traça interessante consideração sobre a dinâmica mundo/direito:
1. MUDANÇA NO MUNDO. - Todo fato é, pois, mudança no mundo. O mundo compõe-se de fatos, em que novos fatos se dão. O mundo jurídico compõe-se de fatos jurídicos. Os fatos, que se passam no mundo jurídico, passam-se no mundo; portanto: são. O mundo não é mais do que o total dos fatos e, se excluíssemos os fatos jurídicos, que tecem, de si-mesmos, o mundo jurídico, o mundo não seria a totalidade dos fatos. Para uso nosso, fazemos modelos de fatos, inclusive de fatos jurídicos, para que o quadro jurídico descreva o mundo jurídico, engastando-o no mundo total. Daí os primeiros enunciados: (a) O mundo jurídico está no conjunto a que se chama o mundo. (b) O mundo concorre com fatos seus para que se construa o mundo jurídico; porém esse seleciona e estabelece a causação jurídica, não necessariamente correspondente à causação dos fatos. (c) A juridicização é o processo peculiar ao direito; noutros termos: o direito adjetiva os fatos para que sejam jurídico (para que entrem no mundo jurídico)".
...

1.4. Mudança constitucional e teoria da Constituição

Para entender a mudança constitucional, é preciso entender o que muda.

1.4.1. Constituição material e Constituição formal

É preciso, nessa perspectiva, que se anotem alguns pontos, relativos à teoria da Constituição, objeto da mudança. Uma perspectiva unitária de mudança constitucional supõe uma perspectiva unitária de Constituição, percebendo precisamente na diversidade de forma e conteúdo a unidade da essência e da funcionalidade básica. Expõe Jorge Miranda:[13]

> "Perspectiva material e a perspectiva formal sobre a Constituição
> I – Há duas perspectivas por que pode ser considerada a Constituição: uma perspectiva material – em que se atende ao seu objetivo, ao seu conteúdo ou à sua função: e uma perspectiva formal – em que se atende à posição das normas constitucionais em face das demais normas jurídicas e ao modo como se articulam e se recortam no plano sistemático do ordenamento jurídico.
> *A estas perspectivas vão corresponder diferentes sentidos, não isolados, mas interdependentes."* (grifei)

---

2. MUNDO JURÍDICO – O jurídico leva consigo muito de imitação do natural, de modo que a vida inter-humana regrada faz um todo físico, vital, psíquico, dito social, em que as determinações se entrelaçam, com as incidências das regras jurídicas colorindo os fatos (fatos jurídicos) à medida que se produzem, persistem, ou desaparecem ou se extinguem. É nesse mundo que nós vivemos, e não no mundo físico puro, ou, sequer, no mundo biológico puro..."
Para o jurista, Comentários à Constituição de 1967, Tomo I, 1987, p. 31. o direito
"... é processo de adaptação social, que consiste em se estabelecerem regras de conduta, cuja incidência é independente da adesão daqueles a que a incidência da regra possa interessar. A incondicionalidade da incidência é que caracteriza...".
[13] *Manual de Direito Constitucional*, Tomo II, 1983, p. 9-10.

"II – Olhando a função de estatuto jurídico do poder político ou, mais complexivamente, de estatuto jurídico do político – isto é, do poder político e da sociedade enquanto por ele conformada – a Constituição oferece-se como Constituição em sentido institucional ou em sentido material".

"V – Um último sentido básico de Constituição a propor é o sentido instrumental: o documento onde se inserem ou depositam normas constitucionais diz-se Constituição em sentido instrumental.
Se bem que pudesse (ou possa) ser aplicado a normas de origem consuetudinária quando recolhidas por escrito, o conceito é coevo das Constituições formais escritas. A reivindicação de que haja uma Constituição escrita equivale, antes de mais, à reivindicação de, que as normas constitucionais se contenham num texto ou documento visível, com as inerentes vantagens de certeza e de prevenção de violações.
Cabe aqui, porém, proceder a uma distinção. Por um lado, quando se fala em Constituição instrumental trata-se de todo e qualquer texto constitucional, seja ele, definido material ou formalmente (assim, as leis constitucionais britânicas, apesar de não exprimirem uma Constituição formal, são Constituição em sentido instrumental). Por outro lado, numa acepção mais restrita, Constituição instrumental é o texto denominado Constituição ou elaborado como Constituição, seja ou não o único texto ou documento donde constem normas constitucionais.
Nesta segunda acepção, a Constituição instrumental depende sempre da existência de uma Constituição formal, sem com ela se confundir forçosamente"

Na ótica de Paulo Bonavides:[14]

---
[14] *Curso de Direito Constitucional*, 1993, p. 63-64.

"A palavra Constituição abrange toda uma gradação de significados, desde o mais amplo possível – a Constituição em sentido etimológico ou seja relativo ao modo de ser das coisas, sua essência e qualidades distintivas – até este outro em que a expressão se delimita pelo adjetivo que a qualifica a saber, a Constituição política, isto é, a Constituição do Estado, objeto aqui de exame."

Logo adiante:

"O conceito material de Constituição
Do ponto de vista material, a Constituição é o conjunto de normas pertinentes à organização do poder, à distribuição da competência, ao exercício da autoridade, à forma de governo, aos direitos da pessoa humana, tanto individuais como sociais. Tudo quanto for, enfim, conteúdo básico referente à composição e ao funcionamento da ordem política exprime o aspecto material da Constituição.
Debaixo desse aspecto, não há Estado sem Constituição, Estado que não seja constitucional, visto que toda sociedade politicamente organizada contém uma estrutura mínima, por rudimentar que seja. Foi essa a lição de Lassalle, há mais de cem anos, quando advertiu, com a rudeza de suas convicções socialistas e a fereza de seu método sociológico, buscando sempre desvendar a essência das Constituições, que uma Constituição em sentido real ou material todos os países, em todos os tempos, a possuíram."

E acrescenta:

"O que portanto é realmente peculiar à época moderna não são as Constituições materiais – importantíssimo ter isto sempre em mente – mas as Constituições escritas, as folhas de papel.
Quando Prélot definiu a Constituição como 'o conjunto de regras mediante as quais se exerce e transmite o poder político', ele estava enunciando

também o conceito material de Constituição, acerca do qual já Kelsen escrevera com toda a clareza. Disse o jurista da chamada Escola de Viena que por Constituição em sentido material se entendem as normas referentes aos órgãos superiores e às relações dos súditos com o poder estatal.

Em suma, a Constituição, em seu aspecto material, diz respeito ao conteúdo, mas tão-somente ao conteúdo das determinações mais importantes, únicas merecedoras, segundo o entendimento dominante, de serem designadas rigorosamente como matéria constitucional".

1.4.2. O Estado, o Direito e a ideologia

Canotilho[15] afirma que a Constituição pretende conformar, constituir um dado esquema de organização política. Mas "conformar o quê? O Estado? A Sociedade? Afinal, qual o referente da Constituição?" A Constituição conforma, sem dúvida, tanto a Sociedade quanto o Estado. Mas se o Estado emerge, ou deriva da ordem conflitiva, isso não autoriza uma simplificação.

No século XVIII, a referência estava mais acentuada na sociedade; no século XIX, no Estado; o primeiro, século de revolução; o segundo, de conformação. O século XX, de conformação e revolução.

Para Canotilho, o Estado é uma forma histórica de organização jurídica do poder, dotada, de qualidades que a distinguem de outros "poderes" e "organizações de poder".

Segundo Maurice Duverger,[16] tende-se hoje para uma definição realista do Estado, baseada na análise sociológica. Os Estados apresentam duas características em relação aos outros grupos humanos. Primeiro: a comunidade humana que serve de base ao Estado – a "nação" – é mais fortemente integrada. Em segundo, o

---
[15] *Direito Constitucional e Teoria da Constituição*, 1998, p. 83.
[16] *Ciência Política, Teoria e Método*, 1981, p. 21.

Estado possui organização política mais aperfeiçoada. Organização política é, segundo o autor, a distinção entre governantes e governados, no sentido da expressão empregada por Léon Duguit, no início do século XX. Distinção essa que não dá conta nem da essência nem do conteúdo dos mecanismos de autoridade, dominação e poder político, pelo que vale, como referência, reproduzir a página clássica de Engels.

"Así, pues, el Estado no es de ningún modo un poder impuesto desde fuera a la sociedad; tampoco es 'la realidad de la idea moral, ni la imagen y la realidad de la razón', como afirma Hegel. Es más bien un producto de la sociedad cuando llega a un grado de desarrollo determinado; es la confesión de que esa sociedad se há enredado en una irremediable contradición consigo misma y está dividida por antagonismos irremediables, que es impotente para conjurar. Pero a fin de que estos antagonismos, estas clases con intereses económicos en pugna, no se devoren a sí mismas y no consuman a la sociedad en una lucha estéril, se hace necesario un poder situado aparentemente por encima de la sociedad y llamado a amortiguar el choque, a mantenerlo en los límites del 'orden'. Y ese poder nacido de la sociedad, pero que se pone por encima de ella y se divorcia de ella más y más, es el Estado."[17]

A concepção que se tenha do Estado vai, naturalmente, refletir-se sobre a visão de Direito. Direito é fato social, mas fato normativo, dotado de sanção. A sanção jurídica – o castigo – caracteriza-se por sua racionalidade, variedade, organização e sistematicidade, diferentemente das demais normas sociais. E o direito é também ideologia, sempre constituída por um corpo explicativo de idéias acerca do ser e do viver social. O Direito, a

---

[17] Friedrich Engels, A origem da família, da propriedade privada e do Estado. in Marx, Engels, Obras escogidas, 1975, p. 606.

Ciência Política, a Sociologia estão impregnados, nuclearmente, de ideologia.

Segundo Luiz Sérgio Fernando de Souza,[18] esta designação é atribuída originalmente por Destutt de Tracy, no século XVIII, a um método específico universalmente aplicável.

Para Tércio Sampaio Ferraz,[19] "a imperatividade do discurso está ligada à noção de ideologia e de que as regras de calibração do sistema são, em última análise, espressas numa linguagem ideológica".

Para além de um dilema clássico – "visão do mundo" ou "falsa consciência" –, a ideologia exerce sempre uma função de interpretação unificadora do universo. Não há oposição definitiva entre ambos os pólos referidos. Ademais, a ideologia, ou as ideologias, se corporificam na história, como queria Hegel, embora não as consideremos projeção do espírito, ou "espírito objetivo".

Quando se fala em mudança constitucional, especialmente em poder constituinte material – originário ou derivado –, como se verá adiante, a questão da ideologia cresce em importância. O iluminismo, o liberalismo, o marxismo, o nacionalismo foram elementos decisivos para levar a transformações radicais como a Revolução Francesa, a Revolução Russa, a unificação italiana e alemã, ou mesmo para a constituição/conservação da ordem feudal controlada pela Igreja Católica, na Idade Média.

No campo especificamente jurídico, foi grande a influência do jusnaturalismo teológico ou racionalista, a partir de Aristóteles, São Tomás de Aquino, Rousseau, Locke e outros; do positivismo jurídico, com raízes em Hume, Kant, Comte e outros, nos séculos XIX e XX; do

---

[18] *O Papel da Ideologia no Preenchimento de Lacunas do Direito*, 1993.
[19] *Teoria da Norma Jurídica: Ensaio de Pragmática da Comunicação Normativa*, 1997, p. 150.

normativismo helseniano; da teoria da linguagem, no século XX, a partir de Wittgenstein e outros.[20]

1.4.3. Algumas perspectivas

Fatores culturais, tecnológicos, científicos, econômicos e políticos associam-se, embatem-se, pressionando o núcleo jurídico. A Constituição muda também por ação de forças internas e interiores ao sistema jurídico. Normas infraconstitucionais, leis, sentenças, atos e comportamentos inconstitucionais, costumes e interpretação também significam pressão sobre a Constituição, que por sua vez reage sobre tais fatores.

---

[20] Engels, in *Marx, Engels, Obras Escogidas*, 1975, p. 606, traça essa interessante consideração:
"Con el Derecho, ocurre algo parecido: al plantearse la necesidad de una nueva división del trabajo que crean los juristas profesionales, se abre otro campo independiente más, que, pese a su vínculo general de dependencia de la produción y del comercio posee una cierta reactibilidad sobre estas esferas. En un estado moderno, el Derecho no sólo tiene que corresponder a la situación económica general, ser expresión suya, sino que tiene que ser, además, una expresión coherente en sí misma, que no se dé puñetazos a sí misma con las contradiciones internas. Para conseguir esto, la fidelidad en el reflejo de las condiciones económicas tiene que sufrir cada vez más quebranto. Y esto tanto más cuanto más raramente acontece que un código sea la expresión ruda, sincera, descarada, de la supremacia de una clase: tal cosa iria de por sí contra el 'concepto del Derecho'. Ya en el Código de Napoleón aparece falseado en muchos aspectos el concepto puro y consecuente que tería del Derecho la burguesía revolucionária de 1792 a 1796; y en la medida en que toma cuerpo allí, tiene que someterse diariamente atenuaciones de todo género que le impone el creciente poder del proletariado. Lo cual no és obstáculo para que el código de Napoleón sea el que sirve de base a todas las nuevas codificaciones emprendidas en todos los continentes. Por donde la marcha de la 'evolución jurídica' sólo estriba, en gran parte, en la tendencia a eliminar las contradiciones que se desprenden de la traducción directa de las relaciones económicas a conceptos jurídicos, queriendo crear un sistema armónico de Derecho, hasta que irrumpen nuevamente la influencia y la fuerza del desarollo económico ulterior y rompen de nuevo este sistema, y lo envuelven en nuevas contradicciones (por el momento, sólo me refiero aquí al Derecho civil). El reflejo de las condiciones económicas en forma de principios jurídicos es también, forzosamente, un reflejo invertido: se opera sin que los sujetos agentes tengan conciencia de ello; el jurista cree manejar normas apriorísticas, sín darse cuenta de que estas normas no son más que simples reflejos económicos; todo al revés. Para mí, es evidente que esta inversión, que mientras no se la reconoce constituye lo que nosotros llamamos *concepción ideológica*, repercute a su vez sobre la base económica y pude, dentro de ciertos límites, modificarla".

A mudança constitucional, no mundo jurídico, é marcada por singularidades: ritmo mais lento, ritualística específica, mais complexa, limitação, face à existência de áreas "intocáveis", que só podem ser alteradas por "fatos sociais" irreversíveis.

Jorge Miranda[21] *destaca os fatores políticos, como elementos capazes de dar ou diminuir a estabilidade jurídica:*

"A modificação das Constituições é um fenômeno inelutável da vida jurídica, imposto pela tensão com a realidade constitucional e pela necessidade de efectividade que as tem de marcar. Mais do que modificáveis, as Constituições são modificadas.
O que variam vêm a ser, naturalmente, a freqüência, a extensão e os modos como se processam as modificações. Uma maior plasticidade interna da Constituição pode ser condição de maior perdurabilidade e de sujeição a modificações menos extensas e menos graves, *mas o factor decisivo não é esse: é a estabilidade ou a instabilidade política e social dominante no país, é o grau de institucionalização da vida colectiva que nele se verifica, é a capacidade e de evolução do regime político*". (grifo nosso)

Verdú[22] situa nos marcos teóricos a questão da mudança, sem pôr em relevo um elemento ou força social específica, destacando as conexões com outra série de questões, especialmente com o problema conceptual acerca do que é o direito constitucional:

"El problema de los cambios constitucionales es uno de los más importantes – o acaso capital - de la Teoría de la Constitución. En efecto, implica las siguientes cuestiones: 1) Un concepto determinado de Constitución política; 2) Una manera concreta de plantearse la eficacia de las normas constitucionales; 3) El problema de las relaciones recíprocas en-

---
[21] *Op. cit.*, p. 108.
[22] *Curso de Derecho Politico*, vol. 2, 1986, p. 646.

tre norma constitucional y realidad social. Si se quieren reconducir estos diferentes aspectos a un punto de vista unitario, que los comprenda a todos en un síntesis superior, el quid estriba en esta outra cuestión más general y comprometida: ¿En qué consiste el Derecho constitucional?; dicho com otras palabras, ¿ es el Derecho constitucional un Derecho estático, inafectado por el cambio, o es dinamicidad continua, inmersa en el renovado proceso de la historia? Se trata, por ende, de concebir la materia jurídico-política como un trozo inmutable de la realidad o, por el contrario, como continuo fluir que se renueva. Desde un punto de vista cognoscitivo, la cuestión consiste en decidirse por unos criterios fijos, dogmáticos, indiferentes al acontecer histórico o por otros flexibles, relativos, que se acomodan al cambio.

Ahora bien, la raíz del problema no puede sorprenderse en ninguna de esas posiciones extremas, puesto que cabe una mediación entre la rígida estaticidad y la continua dinamicidad, en la medida que se conciba la Constitución como estructura jurídico-política a través de la cual fluye la vida y se configure el Derecho constitucional desde categorías relativamente permanentes que ordenan los datos ofrecidos por el Derecho positivo en cada caso concreto.

¿Como encontrar el punto de conexión entre la estabilidad que identifica la Constitución a través del proceso histórico y las transformaciones que experimenta?"

Konrad Hesse[23] propõe resposta para tal problema, acentuando que se trata antes de coordenação do que de alternativa entre mudança e estabilidade:

---

[23] *Elementos de Direito Constitucional da República Federal da Alemanha*, 1998, p. 45.

"Se a Constituição une abertura e amplitude da normalização jurídica com determinação obrigatória, então o decisivo manifestamente está exatamente na polaridade desses elementos. A questão sobre a 'rigidez' ou sobre a 'mobilidade' da Constituição não é, por conseguinte, questão de uma alternativa, senão uma questão da coordenação 'exata' desses elementos. Ambos são, por causa da tarefa da Constituição, necessários, a abertura e amplitude, porque somente elas possibilitam satisfazer a transformação histórica e a diferenciabilidade das condições de vida, as determinações obrigatórias, porque elas, em seu efeito estabilizador, criam aquela constância relativa, que somente é capaz de preservar a vida da coletividade de uma dissolução em mudanças permanentes, imensas e que não mais podem ser vencidas. E necessária a coordenação desses elementos para que ambos possam cumprir sua tarefa. O persistente não deve converter-se em impedimento onde movimento e progresso estão dados; senão o desenvolvimento passa por cima da normalização jurídica. O movente não deve abolir o efeito estabilizador das fixações obrigatórias; senão a tarefa da ordem fundamental jurídica da coletividade permanece invencível".

1.4.4. Problema metodológico

Há que destacar um ponto: os autores, em geral, tratam do tema *mudança constitucional* limitadamente, isto é, apenas como *mudança na Constituição*.

Hesse[24] afirma, por exemplo:

"por modificação constitucional entendo aqui exclusivamente a modificação do texto da Constituição. Ela deve ser distinguida do 'rompimento constitucional', isto é, o desvio do texto em cada

---
[24] Op. cit., p. 46.

caso particular (sem modificação do texto), como ele, na prática estatal da República de Weimar, sob o pressuposto da realização das maiorias necessárias para modificações constitucionais, foi considerado como admissível. Ela deve, finalmente, ser ressaltada da 'mutação constitucional', que não afeta texto como tal – esse fica inalterado – senão a concretização do conteúdo da normas constitucionais; esta pode, nomeadamente em vista da amplitude e abertura de muitas determinações constitucionais, sob pressupostos alterados, conduzir a resultados diferentes (infra, número de margem 45 e seguintes) e, nesse aspecto, produzir uma mutação. A problemática da modificação constitucional começa lá onde as possibilidades de uma mutação constitucional terminam." (grifo nosso).

Quando, porém, se cuida de examinar a mudança que se opera *de Constituição a Constituição*, isto é, constituições escritas, formais, o tema é tratado como parte do domínio de um outro compartimento teórico: o da teoria do Poder Constituinte, que está a merecer exame.[25]

Poucos são os autores que esboçam um conceito unitário. Jorge Miranda[26] é um dos poucos a ensaiar essa aproximação:

> I – *Para se situarem as modificações constitucionais, importa, porém, partir de um conceito mais lato (e mesmo um pouco vago, deliberadamente) – o conceito de*

---

[25] A questão parece ligar-se a contextos históricos e elaborações teóricas distintas. A mudança constitucional que primeiro se sistematiza é a mudança revolucionária, de ruptura com a ordem jurídica anterior, aquela da Revolução Francesa, observada por Sieyès, sobre a qual se constrói a teoria do poder constituinte, de corte jusnaturalista, e que, nessa condição, contempla necessariamente uma dupla dimensão e um exame crítico da conexão/compatibilidade das duas ordens jurídicas. A segunda sistematização dá-se, provavelmente, com olhos conservadores, isto é, estuda-se como mudar a Constituição sem destruir seus fundamentos, de modo a que seja idêntica a ela mesma. Essa teoria, décadas depois, constrói-se já sob a hegemonia do positivismo jurídico, preocupado em reconhecer uma única dimensão jurídica, a do direito posto, em um sistema fechado.
[26] Op. cit., p. 109.

vicissitudes constitucionais, *ou sejam, quaisquer eventos que se projectem sobre a subsistência da Constituição ou de algumas das suas normas."* (grifo nosso).

A amplitude do conceito de vicissitudes tem a virtude de permitir-nos incluir nele o próprio processo de criação de uma nova Constituição, e não somente as modificações diretas ou indiretas, formais ou informais de uma mesma Constituição formal.

Interessa destacar ainda dois aspectos, em sua forma de organizar o problema. Primeiro: as vicissitudes *podem ser* totais *ou* parciais. *As primeiras "atingem a Constituição como um todo, trate-se de todas suas normas ou trate-se, tão somente, dos seus princípios fundamentais". As segundas "atingem apenas parte da Constituição e nunca os princípios definidores dos ideais de Direito que o caracteriza".*

Segundo aspecto, enlaçado muito proximamente ao primeiro: as vicissitudes quanto às conseqüências sobre a ordem constitucional são de duas ordens: as que "não colidem com sua integridade e, sobretudo, com sua continuidade e que correspondem, portanto, a uma evolução constitucional ", *e as vicissitudes "que eqüivalem a um corte, a uma solução de continuidade, a uma ruptura.".* (grifo nosso)

A temática é, portanto, no fundo: reforma da Constituição ou Constituição nova.

Raul Machado Horta,[27] por sua vez, escreveu um artigo em que expõe diversos pontos de vista a respeito das questões que envolvem permanência e mudança na Constituição. Nesse estudo, revela-se um dos poucos entre nós a perceber o problema. Aponta Carl Schmitt como um dos juristas que identifica o problema de mudança *na* Constituição e mudança *de* Constituição.[28]

---
[27] Permanência e mudança na Constituição, in *Revista de Informação Legislativa*, a. 29, nº 115, p. 9-26, jul/set. 1992.
[28] Canotilho, op. cit., p. 191,192, também examina, ainda que indiretamente, o problema teórico da unidade da mudança:
"A idéia de continuidade/descontinuidade do direito constitucional associa-se aos processos de mudança constitucional, significando basicamente o seguinte: existe continuidade quando uma ordem jurídico/constitucional que

A partir de um conceito unitário de mudança, abrangendo continuidade e descontinuidade formal, e material e sociológica, é possível expor, logicamente, os pontos mais relevantes da mudança constitucional. Em primeiro lugar, *a mudança constitucional que se dá por meios não estabelecidos no texto*, substituindo inteiramente um por outro, e substituindo-se, também, em princípio,

---

sucede a outra se reconduz, jurídica e politicamente, à ordem constitucional precedente; fala-se em descontinuidade quando um nova ordem constitucional implica uma ruptura (revolucionária ou não) com a ordem constitucional anterior. A relação de descontinuidade existe entre uma constituição que se tornou efectiva e válida num determinado espaço jurídico-político e uma outra constituição que não foi obedecida quanto aos preceitos de alteração e revisão e, que, simultaneamente, deixou de ser válida e efectivamente vigente no mesmo espaço jurídico.
Estes conceitos de continuidade e descontinuidade formulados em termos jurídico-constitucionais são conceitos essencialmente formais (continuidade ou descontinuidade formal), pois tomam em conta, sobretudo, o procedimento e a forma de alteração constitucional. Se a nova ordem constitucional obedeceu aos preceitos da anterior constituição sobre alteração ou revisão da própria lei constitucional há constitucionalidade formal; se a ordem constitucional posterior postergou os preceitos fixados na constituição anterior sobre o procedimento e alteração existe descontinuidade formal.".
...
"De descontinuidade formal e material fala-se, por vezes, quando, além da verificação de uma ruptura formal (descontinuidade formal) se verifica uma "destruição" (C. Schmitt) do antigo poder constituinte por um novo poder constituinte, alicerçado num título de legitimidade substancialmente diferente do anterior.
...
De descontinuidade material e formal pode falar-se ainda quando, não obstante se assistir à manifestação de um poder constituinte que reivindica o mesmo título de legitimidade do anterior, se verifica um 'ruptura formal' (descontinuidade) e uma 'ruptura consciente' com o passado no plano dos princípios políticos constitucionalmente estruturantes.".
...
As noções de continuidade e descontinuidade, formal e material, distinguem-se dos conceitos de continuidade e descontinuidade sociologicamente entendidos. Neste último caso, o problema consiste em saber se, não obstante a existência de uma descontinuidade formal ou material no plano jurídico-constitucional, não há um a substancial continuidade no plano político-social. O problema é conhecido sob várias designações: dicotomia constituição-realidade constitucional, direito constitucional formal-direito constitucional material (constituição material).
Costuma salientar-se aqui as duas principais manifestações de 'continuidade': (1) não actuação dos preceitos constitucionais transformadores ('constituição não cumprida'); 2) permanência das forças de conservação, conducente à neutralização das 'forças de ruptura' comprometidas na feitura do texto constitucional 12".

os agentes, aqueles capazes de elaborar uma constituição. É a *mudança integral*. Tal processo é percebido e justificado juridicamente pela teoria do poder constituinte. Em segundo lugar, a *mudança parcial*, através da reforma constitucional, chamada de "mudança formal". Finalmente, a *mudança parcial*, através da "mudança informal", ou "mutação". As expressões e os conceitos ora adotados serão postos em causa adiante.

2. Mudança constitucional e poder constituinte

2.1. Contexto histórico e gênese da teoria

Até o século XVIII, a mudança jurídica não se distinguia claramente da mudança constitucional. É inegável que se processava, até então, um *continuum* de mudança, mais ou menos perceptível, mais ou menos lento, mas que não se distinguia interiormente, de forma evidente.

Prática e teoricamente, a mudança constitucional adquire uma nova dimensão, a partir das mudanças sociais ocorridas no século XVIII, isto é, com o processo de revoluções burguesas liberais nos Estados Unidos e na França.

Em tais países, culminando todo um processo, editam-se as primeiras constituições escritas, assim consideradas, porque são editadas mediante ato legislativo único, simbolizando um momento de unidade, necessidade e decisão soberana do povo, com forma de código, ou seja, num plano dotado de racionalidade, com força jurídica específica e superior. O público re-separa-se do privado. A Constituição passa a ter *status* próprio, formalmente.

Com estas constituições revolucionárias, vai-se chegar, algum tempo depois, a um reconhecimento na doutrina: existe uma constituição material, um complexo de normas com qualquer forma, costumeira, jurisprudencial, escrita, que rege a estrutura, a forma, as funções do estado, seus limites – autorizando e garantindo aos cidadãos um complexo de condutas de especial qualidade – e seus deveres. A constituição formal é aquela contemporânea, que coincide com o conceito de Constituição escrita. Interessa mais, neste aspecto, a forma, isto é, o instrumento e a modelagem pelos quais se expressam as normas de Estado. Nesta segunda dimensão, todas as normas de constituição são dotadas de constitucionalidade, isto é, de superioridade que se impõe às demais categorias de normas.

A relação entre a constituição formal e a constituição material, em termos de coincidência, nunca é exata, extravasando-se reciprocamente.

Generalizado-se as constituições escritas – ressalvadas, em certa medida, situações como a da Inglaterra – a mudança dá-se numa dupla dimensão inicial. Na primeira, trata-se de modificar a Constituição, para adaptá-la, por evolução, aos fatos, mas mantendo-se, em tese, seus fundamentos. Tal direito foi imediatamente reconhecido pelos revolucionários franceses, ou por parte deles. É a reformabilidade, a revisibilidade. Na segunda dimensão, trata-se de reconhecer que seus fundamentos já não estão consentâneos com a dinâmica de mudança social, ou seja, com as forças políticas dominantes e com as idéias, valores e tendências de um determinado momento. É quando o poder constituinte, aquele que se atribui ao povo soberano, que permanece latente, é novamente invocado e convocado, para atualizar a soberania e o poder democrático do povo.

Juntamente com a teoria do poder constituinte popular, cristaliza-se um princípio: a separação dos poderes. Com a especialização de funções, uma outra dimensão de mudança constitucional desenvolve-se, a partir da tensão dialética, que remete à questão das fontes do direito: as normas constitucionais vão ser aplicadas administrativamente pelo Executivo, contenciosamente pelo Judiciário, e regulamentadas ou especializadas por um Poder Legislativo, afora os costumes, que cristalizam valores antigos e novos. Isto gera um novo sistema de tensões: normas inconstitucionais, ou materialmente constitucionais fora de constituição, condutas administrativas, decretos e regulamentos inconstitucionais, sentenças contra a Constituição ou à sua margem, ou de sua interpretação tradicional ou literal e costumes *praeter* ou *contra legem*. A tolerância oficial ou oficiosa com procedimentos que, aparentemente, colocam-se fora ou contrariamente à previsão do texto, pode determinar mudanças menos perceptíveis que, em dado momento, passarão a ser chamadas, pela doutrina, de *mudança informal*.

Segundo a teoria clássica do Poder Constituinte, a criação da Constituição, pressupõe poder de constituir, atribuído a representantes do povo, titular soberano. Esse poder não tem limites, é originário e incondicionado.

Admite-se, de outra parte, a modificação da Constituição formal, rígida, pelo exercício de um poder constituinte derivado, instituído, ou de 2º grau, limitado, condicionado pela vontade do poder constituinte originário. Assim, pode-se mudar o secundário, mas não seus princípios fundamentais.

Embora a teoria de Sieyès, seu fundador, não dê ênfase especial ao problema formal da convocação, implicitamente define que nova Constituição escrita formal só pode ser feita mediante ato especial convocatório, justificado pela alteração dos fundamentos políticos. Pertencendo ao clero, desenvolve sua teoria no contexto agudo da Revolução Francesa, e também como protagonista. Para ele, a Nação é que mais pode, e tudo pode. Acima dela somente está o direito natural. Ela é constituída pelo Terceiro Estado, a maioria da população, aquela economicamente ativa, excluídos o clero e a nobreza.[29]

---

[29] Segundo SanchesViamonte, não existe distinção de conteúdo entre Rousseau e Sieyès – este completa aquele, embora não refira formalmente a soberania popular. *El Poder Constituyente*, 1957, p. 236.

Uma nação, para ele, é "um corpo de associados que vivem sob uma lei comum e representados pela mesma legislatura". Ela "existe antes de tudo, ela é a origem de tudo". Sua vontade é sempre legal, é a própria lei. Antes dela e acima dela só existe o direito natural. A ordem jurídica tem o seu cume numa Constituição, criada por órgão coletivo, convocado extraordinária e especialmente. Textualmente, afirma:

> "Em cada parte, a Constituição não é obra do poder constituído, mas do poder constituinte."[30]
> "Os representantes ordinários de um povo estão encarregados de exercer a vontade da nação, nos termos constitucionais, toda esta porção da vontade comum que é necessária para manutenção de uma boa administração. Seu poder se limita aos assuntos do povo.
> Os representantes extraordinários terão um novo poder que a nação lhes dará como lhe aprouver."

O terceiro Estado ou a Nação para Sieyès eram os comerciantes, os negociantes, a "indústria humana", agregando valor.[31]

Assim, a teoria democrática encontra no plano jurídico um terreno para sua expansão.

2.2. Desenvolvimento e crítica da teoria

Canotilho[32] propõe quatro perguntas como critério de enfrentamento do tema: 1) Que é poder constituinte; 2) Quem é o titular desse poder; 3) Qual o procedimento e forma de seu exercício; 4) Existem ou não limites jurídicos e políticos quanto ao exercício desse poder?

---

[30] Emmanuel Sièyes: *A Constituinte Burguesa, que é o Terceiro Estado*, 1986, p. 121/122.
[31] Sieyès não se empenha em demonstrar as distinções que existia na "indústria humana", nem em descender o papel hegemônico da burguesia.
[32] Op. cit., p. 59.

No entanto, parte importante dos teóricos foi ao longo do tempo, desde o aparecer da teoria, abandonando a preocupação de indagar mais profundamente a respeito. Progressivamente, a doutrina consagrou, por simplificação (vide Bastos,[33] por exemplo), a idéia de que o poder constituinte originário é inicial, autônomo e incondicionado, portanto, sem limitação em seu poder de criar. Tal tendência deve-se, em parte, ao período de hegemonia do positivismo jurídico.

Desde logo, é interessante indicar algo da crítica produzida sobre esse tipo de simplificação. Canotilho[34] agudamente afirma:

"Já foi referido que na teoria clássica do poder constituinte – pelo menos no seu figurino francês – este era considerado como um poder autônomo, incondicionado e livre. Em toda sua radicalidade, o poder constituinte concebia-se como poder juridicamente desvinculado, podendo fazer tudo como se partisse do nada político, jurídico e social (omnipotência do poder constituinte). Tudo isso estaria na lógica da 'teologia política' que envolveu a sua caracterização na Europa da Revolução Francesa (1789). Ao poder constituinte foram reconhecidos atributos divinos: *potestas constituens, norma normans, creatio ex nihilo*, ou seja o poder de constituir, o poder de editar normas, o poder de criação a partir do nada. A associação do poder soberano a poder constituinte – 'soberano é aquele que decide sobre a constituição' – encorria para o alicerçamento da idéia de omnipotência constituinte".

E prossegue:

"A doutrina atual rejeita esta compreensão. Desde logo, se o poder constituinte se destina a criar uma constituição concebida como organização e limita-

---
[33] *Curso de Direito Constitucional*, 1995, p. 24.
[34] Op. cit., III, p. 75.

ção do poder , não se vê como esta 'vontade de constituição' pode deixar de condicionar a vontade do criador. Por outro lado, este criador, este sujeito constituinte, este povo ou nação, é estruturado e obedece a padrões e modelos de conduta espirituais, culturais, éticos e sociais radicados na consciência jurídica geral da comunidade, e nesta medida, considerados como 'vontade do povo'. Além disto, as experiências humanas vão revelando a indispensabilidade de observância de certos princípios de justiça que, independentemente de sua configuração (como princípios suprapositivos ou como princípios supralegais mas intra-jurídicos) são compreendidos como limites da liberdade e omnipotência do poder constituinte.

Acresce que um sistema jurídico interno (nacional, estadual) não pode, hoje, estar out da comunidade internacional. Encontra-se vinculado a princípios de direito internacional (princípio da independência, princípio da autodeterminação, princípio da observância dos direitos humanos).

Esta idéia de vinculação jurídica conduz uma parte da doutrina mais recente a falar de 'jurisdicização' e do caráter evolutivo do poder constituinte. Se associado a momentos fractais ou de ruptura constitucional (revolução, autodeterminação de povos, quedas de regimes, transições constitucionais), também é certo que o poder constituinte nunca surge num vácuo histórico-cultural. Trata-se, antes, de um poder que, de forma democraticamente regulada, procede às alterações incidentes sobre a estrutura jurídico-política básica de uma comunidade (P. Häberle, Baldassare)".[35]

---

[35] Siches, Luís Recaséns. *Tratado general de filosofia del derecho*, 1965, p. 305 e 306, anda em sentido convergente:
"El poder constituyente es por naturaleza ilimitado, absoluto, en tanto en cuanto que no se halla sometido a ningún ordenamiento positivo, y en tanto cuanto no se deriva su competencia de ningún otro poder, sino que se funda sobre sí mísmo, en si mísmo, a fuer de primero y originario ...

A Pontes de Miranda,[36] o problema também não escapou:

"2. ASSEMBLÉIA CONSTITUINTE E ELABORAÇÃO DE CONSTITUIÇÃO – Quando a Assembléia Constituinte exerce a sua atividade legislativa, ou (a) tem toda a liberdade no conceber as regras de que se incumbe no momento. (legislação constitucional de tábua rasa, 'é direito o que o Estado faz como regra'); ou (b) tem de ater-se a certos conceitos, ou (c) há de conter-se dentro de certos princípios jurídicos, supraestatais ou estatais. Se a lei pré-constitucional diz 'a Assembléia constituinte tem poderes ilimitados', com isso não exclui a existência de princípios supraestatais ou estatais a que obedeça; porém, esses princípios estatais hão de ser formulados pelo titular do poder estatal, ou, pelo menos, pelo poder que teria a função de constituir. É o princípio de que a revelação de princípios superiores exige que o revelador pudesse decidir sobre o poder constituinte ou ser ele mesmo o poder constituinte."

E adiante:

"Mas a ilimitação sofre duas atenuações de *iure condendo*, que são as que se observam em qualquer atividade legislativa: a) o legislador tem que atender ao que, no momento e no lugar, e compatível

---

Ahora bien, no se mal interpreten las afirmaciones que anteceden, dándoles un sentido y un alcance diverso del que tíenen. Al hablar del caráter ilimitado y absoluto del poder constituyente, se anuncia tan sólo que no está sometido a ninguna norma jurídica, sencillamente porque no hay ninguna anterior que esté vigente – las que sigan vigentes mientras actue el poder constituyente, no derivan su vigencia de ningún título antiguo, sino de una convalidación tácita o expresa del poder constituyente. Pero esa formal ilimitación del poder constituyente de ninguna manera implica que hayamos de considerar que el poder constituyente no esté sometido a otras normas no positivas, ni que no devan seguir determinadas orientaciones valorativas. Es decir, el poder constituyente no está sometido a ninguma traba positiva, pero sí está sometido a los valores jurídicos ideales y las exigencias del bien comun en una determinada circunstancia histórica.

[36] Op. cit., p. 190 e 192.

com o ritmo da civilização (princípio da praticabilidade). b) o legislador constituinte, no alterar as regras pré-constitucionais, parar onde a alteração implicaria negação da composição mesma do poder constituinte."

2.3. Poder constituinte material e poder constituinte formal

Aceito que o poder constituinte originário não cria *ex nihilo*, e é um fenômeno histórico, por isso mesmo é importante entendê-lo como processo social e político. Ou seja, ele se manifesta e se exerce em momento e etapas, integradas e integrantes, mas distintas, tendo em conta que a mudança de constituição tendencialmente ocorre em momento de consumação de desequilíbrio político, ou seja, de alteração de correlação de forças existentes, em distintos graus de profundidade possíveis. Esses momentos retratam os graus de apuramento e de "civilização" do processo político, de formalização e de legitimação do processo.

Eduardo Carrion[37] resume com muita precisão o pensamento de Jorge Miranda a respeito:

"Assim como podemos distinguir entre uma Constituição formal ou jurídica, por um lado e uma Constituição real e efetiva, os fatores reais de poder, por outro, devemos igualmente diferenciar o poder constituinte material do poder constituinte formal. O poder constituinte material identifica-se com a força política protagonista da mudança institucional, enquanto o poder constitucional formal confunde-se com a entidade responsável pela elaboração da Constituição formal ou jurídica. De acordo com Jorge Miranda, o poder constituinte material representa 'um poder de auto conformação do estado segundo certa idéia de Direito'; o

---
[37] *Apontamentos de Direito Constitucional*, 1997, p. 109.

poder constituinte formal 'um poder de decretação de normas com a forma e a força jurídicas próprias das normas constitucionais. Neste sentido, o poder constituinte material precede e conforma o poder constituinte formal, embora este último confira juridicidade ao poder constituinte material.'

Porém, o poder constituinte formal não pode ser automaticamente deduzido do poder constituinte material. Os princípios genericamente enunciados pelo poder constituinte material devem sofrer por parte do poder constituinte formal as necessárias determinações que inevitavelmente comportam opções e alternativas jurídico-políticas fundamentais. Mas não apenas isto: as circunstâncias políticas podem eventualmente sublinhar, sobretudo tratando-se de um processo onde a hegemonia política não esteja cristalizada, o papel e a importância do poder constituinte formal na própria definição daqueles princípios.

2.3.1. Poder constituinte material

Como se viu, o primeiro momento de transição é o poder constituinte material, fruto da nova ordem política, que é inspirado por idéias políticas e modela um novo regime político (*novo* no sentido de oposto, ou distinto do anterior).

O novo poder cria, desde logo, nova ou renovada idéia de direito (que já estava em gestação), propondo-a informal, ou formalmente, de modo oficial, através de decretos, atos, editos provisórios. Tal comando serve de orientação para a fase subseqüente e, quase sempre, dispõe sobre regras que presidem a convocação, eleição e poderes do poder constituinte formal exercido, conforme Ferreira Filho,[38] pelos "agentes".

A nova, ou renovada idéia de direito, deve necessariamente ter um consenso, ou seja, um acatamento, ou tolerância, ou apoio ativo dos diferentes grupos e classes

---
[38] *Curso de Direito Constitucional*, Saraiva, 1989, p. 21.

que compõem o tecido societal. Atine à forma do Estado, ao sistema de governo, à sua forma, ao regime social, ao regime de propriedade, aos direitos fundamentais, às liberdades públicas, em combinações inumeráveis.[39]

2.3.2. Fatores do poder constituinte material

O Poder Constituinte originário, latente, exercita-se, em geral, quando há substanciais alterações na correlação de forças políticas. A forma como se organizam estas mudanças políticas pode ser considerada como indutor da reconstitucionalização. Nestes momentos desencadeia-se primeiro o poder constituinte material, rompendo com a ordem jurídica.

Ferreira Filho[40] concebe a expressão "veículo" do poder constituinte, traduzindo a perda de eficácia de uma ordem jurídica, por meio de evento revolucionário, tendente à criação de nova ordem, contra a ordem anterior.

Jorge Miranda[41] acrescenta, dentre as hipóteses de substancial alteração da correlação política de forças, a formação de um novo Estado. Além disso, para ele, a mudança de regime pode ser mais ou menos profunda: quando há *destruição*, desaparecem tanto a Constituição quanto o poder constituinte em que se baseava; na *supressão*, apenas a primeira.

A revolução é a mudança mais profunda possível, com destruição da Constituição e do poder constituinte material. Para Jorge Miranda, a revolução não é o triunfo da violência, é o triunfo de um Direito diferente ou de um diferente fundamento de validade do ordenamento jurídico positivo.[42] No outro pólo, está o golpe de estado.

---

[39] Interessante considerar que a expressão *poder constituinte material* não é a melhor para, justamente, designar o *ideal*, a idéia nuclear do novo direito.
[40] Op. cit.
[41] Op. cit.
[42] Segundo Miranda, para além da revolução e do golpe de Estado, temos a *transição*, uma forma de mudança menos evidente. Neste casos, dá-se um desvio ou excesso de poder constituinte, a partir da forma prevista na própria constituição. Por exemplo: a passagem da IV à V República em França, em 1958, dando-se poderes ao general de Gaulle, que a Constituição não previa. Aqueles que exercem o poder de revisão, dão-se – ou dão a outrem – poder

Ruschell[43] define a Revolução como "processo de mudanças rápidas e profundas da estrutura de uma sociedade e de seu sistema de poder, geralmente acompanhado de muita violência". Distinguindo golpe de Estado e Revolução, explica:

> "Costuma-se distinguir a revolução propriamente dita do 'golpe de Estado' (*Coup d' E'tat*): aquela envolve movimentos de massa e tem mais profundidade; este ocorre tão somente na cúpula e se limita a efeitos políticos. Um golpe de Estado se caracteriza quando, por meios inconstitucionais, uma elite governante derruba e substitui outra no poder, sem reflexos profundos na estrutura da sociedade. Tem sido o caso, por exemplo, de diversos 'pronunciamentos' ocorridos na América Latina: repentinamente um grupo de generais destitui os governantes do país, sem que isso represente mudanças na organização sócio-econômica como um todo.
>
> Freqüentemente, contudo, golpes de Estado integram revoluções, como aconteceu na Rússia, em novembro de 1917, quando o bolchevista Lênin substituiu o menchevista Kerensky. Pode-se, mesmo, afirmar que uma revolução, como fenômeno complexo que é, faz-se através de sucessivos episódios, dentre os quais não costumam estar ausentes alguns golpes de Estado".

---

constituinte originário. Alguns designam tais procedimentos como simples golpes brancos.
A seu turno, Bonavides, *Ciência Política*, 1976, p. 504-505, procura demonstrar que o conceito de revolução passou momentos de prestígio e desprestígio, desde Aristóteles, sendo considerada como "fases de uma circulação eterna de governo", ou o "eterno retorno" para Nietszche, ou, mais otimistamente, um "novo começo". Utilizando-se de conceitos histórico-culturais, jurídico e político, procura demonstrar as conexões entre essas esferas, no âmbito social, sem, no entanto, aderir ao conceito sociológico – pelo qual ocorre necessariamente uma mudança profunda nas relações de classe social, como é típico na visão de Marx. Distingue o golpe de estado da revolução, a partir do ponto de partida – a partir "de cima", ou a partir "de baixo" e da profundidade da mudança. Para ele, revolução é legitimidade, golpe é usurpação.
[43] O Poder Constituinte e a Revolução, in *Direito Constitucional em Tempos de Crise*, 1997, p. 60.

Muitas vezes, sem golpe e sem revolução, modificam-se os poderes constituintes material e formal, a partir do próprio poder político institucionalizado, acossado, ao reconhecer a alteração na composição e correlação de forças, tomando a iniciativa de desencadear um processo constituinte material e formal. Situação como essa, ou próxima, foi o processo constituinte brasileiro de 1985/8. É algo semelhante à "transição" estudada por Jorge Miranda, antes referida.

Caio Prado Junior[44] diz que o termo *revolução* encerra uma ambigüidade. No entanto, revolução em seu sentido real e profundo, significa o processo histórico assinalado por reformas e modificações econômicas, sociais e políticas sucessivas, que, concentradas em período histórico relativamente curto, vão dar em transformações estruturais da sociedade, e em especial das relações econômicas e do equilíbrio recíproco das diferentes classes e categorias sociais".[45]

2.3.3. Poder constituinte formal originário

As diferentes hipóteses de atuação do poder constituinte formal têm a ver com o maior ou menor grau de democracia, de participação, de legitimidade, com o curso das mudanças políticas e com outros fatores, muito variáveis. Não se trata, portanto, de uma opção ideal/racional, mas de uma opção política e histórica.

O ato constituinte pode, formalmente, estruturar-se sob variadas formas, segundo o esquema de Jorge Miranda: por ato constituinte unilateral singular, ato constituinte unilateral plural, e ato constituinte bilateral ou plurilateral.[46] Como exemplos de ato constituinte unila-

---

[44] *A Revolução Brasileira*, 1966, p. 1.
[45] Adiante, alude-se que o Brasil não conheceu, nesse sentido, nenhuma revolução.
[46] A rigor, tal classificação tem a ver com os elementos democráticos de representação, ou de democracia direta – ou semidireta, e com o grau de ruptura e autonomia do poder constituinte formal face ao material, e face aos "fatores reais de poder", a que se referia Lassalle.

teral – um único ato, um único órgão – temos os seguintes:

a) outorga: é forma não-democrática, como ocorreu com freqüência nos albores do liberalismo monárquico do século XIX, como meio de reforma, a conter a revolução antiaristocrática. Por exemplo: França, 1814; Brasil em 1824; Portugal, 1826; Piemonte, em 1848. Também ocorreu no século XX, especialmente quando dos pronunciamentos militares dos países subordinados da América Latina, da África e da Ásia (nestes últimos casos, teríamos os decretos presidenciais ou de outro órgão do poder executivo – por exemplo, Vargas, em 1937: ou, depois, dos generais argentinos, chilenos e brasileiros). Não há manifestação por representantes do povo, nesse processo;

b) atos de autoridade constitutiva de um novo Estado, como em Angola e Moçambique, em 1975. Pode ocorrer que no novo Estado criado se produza outorga;

c) aprovação por assembléia representativa ordinária, como sucedeu na União Soviética, em 1936 e 1977. Nestes casos, há continuidade do poder constituinte material;

d) aprovação por assembléia formada especificamente – mas não só para isso, necessariamente – chamada Assembléia Constituinte ou Convenção, como ocorreu na França, em 1791; em Portugal, 1822, ou 1976; na Espanha em 1979 e no Brasil, por diversas vezes.

A fórmula clássica, a de Sieyès, é a da exclusividade da Assembléia Nacional Constituinte, caso de Portugal – 1976.

Sob a forma de atos unilaterais plurais – ato de representação mais ato de manifestação direta –, podemos apontar:

a) aprovação por referendo, prévio ou simultâneo da eleição da Assembléia Constituinte, de um ou vários grandes princípios ou opções constitucionais e, a seguir, a elaboração da Constituição, de acordo com o sentido da votação – como na Itália, em 1946, e na Grécia, em 1974;

b) definição, por assembléia representativa ordinária, dos grandes princípios, elaboração do projeto de Constituição pelo Governo, e aprovação por referendo final caso da França, em 1958;

c) promulgação da Constituição por assembléia constituinte, seguida de referendo, a exemplo da França, 1946, ou da Espanha, 1978;

d) promulgação por órgão provindo da Constituição anterior, em subseqüente aprovação popular, como na França em 1799, 1801 e 1804;

e) promulgação, por autoridade revolucionária ou órgão legitimado pela revolução seguida de referendo - Portugal, em 1933; Cuba, 1976, ou Chile, 1980.

Também as presentes hipóteses assentam-se na legitimidade democrática (com mais ou menos pluralismo), combinando institutos representativos e democracia direta ou semidireta.

Finalmente, os atos constituintes bilaterais ou plurilaterais, ou seja, participação de instâncias distintas do poder representativo:

a) elaboração e aprovação de Constituição por assembléia representativa, com sanção do monarca – como na Noruega, 1814; França, 1830; Portugal, 1838, ou Prússia, 1850;

b) aprovação da Constituição por assembléia federal, seguida de ratificação pelos estados componentes da União, como nos Estados Unidos em 1787.

Tais constituições são pactícias, no sentido de denotarem um certo grau de consenso entre aqueles que participam das distintas etapas.

Para Jorge Miranda, a haver uma fórmula democrática ideal, tal é de prévia aprovação popular direta dos elementos essenciais do novo regime, para depois uma Assembléia Constituinte soberana promulgar um novo texto, de acordo com essa vontade política do povo nela expressa. Não lhe interessa a forma; interessa, sim, a genuinidade da vontade política.

De qualquer forma, é de lembrar sempre que algum poder há de fixar regras para a institucionalização do novo poder por meio de uma nova Constituição. Estas regras pré-constituintes têm importância considerável.[47]

A nova Constituição escrita é, portanto, resultado de um processo, mas não é perene nem imutável. Os próprios precursores da teoria clássica do poder constituinte originário reconheciam que as gerações futuras não poderiam estar condenadas aos erros das anteriores.

2.4. Mudança parcial por reforma e poder constituinte derivado

2.4.1. Considerações preliminares

Promulgada a Constituição escrita, a mudança constitucional continua a processar-se, de outra forma, por imperativo de adaptação e pressão dos fatores sociais, num outro ritmo e em outro padrão jurídico formal. Trata-se de "mudança constitucional formal", de *"vicissitude parcial"*, conforme Jorge Miranda. Ou "mudança parcial por reforma", que entendemos mais adequada. É reforma da Constituição, exercício do poder constituinte derivado, ou de segundo grau, ou constituído. Existe também uma teoria jurídica da reforma, com aspectos peculiares, mas igualmente política.

Gustavo Costa e Silva[48] acentua: "A reforma constitucional é o mais importante mecanismo de transforma-

---

[47] Questão polêmica é saber se as regras traçadas pelo poder constituinte material vinculam o poder constituinte formal. Muito interessante mencionar um artigo: "A Competência da Assembléia Nacional Constituinte", de 1933/34, por Ari Marcelo Sólon, na Revista de Direito Público nº 9/1995. No texto consta um precioso parecer de Hans Kelsen acerca da validade jurídica de o Governo Provisório brasileiro impor um Regimento à Assembléia Constituinte.
[48] *Os Limites da Reforma Constitucional*, 2000, p. 74.
O problema da reforma constitucional está vinculado à problemática das funções que a Constituição cumpre, e à articulação que existe entre elas. Função de delimitação, legitimação e de racionalização, de estabilização, de

ção da constituição, por se articularem em torno dela os demais elementos da polaridade entre estabilidade e mobilidade constitucionais".

A reforma constitucional é exercida por um poder limitado, material, formal e instrumentalmente. Canotilho acentua que o poder constituinte não pode pretender uma constituição alheia à dinâmica do cotidiano, mas pode exigir do poder de revisão "solidariedade entre os princípios fundamentais da constituição e as idéias constitucionais consagradas pelo poder de revisão".

Segundo Pedro de la Vega,[49] "La necesidad de dar respuesta, desde la lógica del Estado constitucional, a los obligados procesos de transformación de su normativa fundamental, será 'quien determine, como ya indicamos, que el conflicto y la contradicción latente entre el princípio político democrático de la soberanía popular y el princípio jurídico de supremacía constitucional, se conviertan en una contradicción y en conflicto manifiesto'. Para o autor a reforma constitucional cumpre três funções básicas: 1) instrumento de adequação entre a realidade jurídica e a realidade política; 2) mecanismo de articulação da continuidade jurídica do estado; 3) instituição básica de garantia.

2.4.2. Formas de exercício

Quanto ao aspecto formal/estrutural do "agente" do poder constituinte derivado, diversas são as hipóteses de conformação, segundo o meticuloso exame de Jorge Miranda.[50] Esquematicamente, eis, como seguem, as formas de revisão:

a) *por processos apenas de democracia representativa*, que se exercem por assembléia ordinária ou por assem-

---
organização do poder, conforme Konrad Hesse, Joaquim Canotilho. Para Miranda Rosa, Constituição exerce também uma função de pedagogia do poder.
[49] *La Reforma Constitucional y la Problemática del Poder Constituynte*, 1995, p. 60.
[50] Op. cit., p. 131 ss.

bléia especial (Argentina). Se por assembléia ordinária, por dois caminhos: assembléia ordinária, segundo processo legislativo comum (Inglaterra), ou segundo processo legislativo especial; ou assembléia ordinária renovada para efeito de revisão;

b) *por processos de democracia representativa e de democracia direta*, cumulativamente de dois modos: por votação em assembléia representativa, com referendo possível, ou por votação em assembléia representativa, seguida de referendo necessário.

As variedades da forma de exercícios do poder constituinte derivado combinam o exercício da democracia representativa e da direta (ou semidireta), em tempos e momentos diferentes. Pode haver obrigatoriedade de revisão, periódica (ou vedação temporária).

2.4.3. *O problema dos limites*

O problema, sem dúvida, é tormentoso. No entanto, algumas afirmações podem ser adiantadas. Há que haver cuidado com a compatibilidade e a permanência da vontade popular, em suas sucessivas etapas jurídico-constituintes: apoio à nova ordem político-jurídica, "idéia de direito" definida no poder constituinte material – às vezes formalmente em editos provisórios –; "idéia de direito" definida pelo poder constituinte formal – que se pretende, por espírito democrático, seja uma Assembléia Nacional Constituinte, livre, soberana e exclusiva, com referendo ou plebiscito, para criação de uma Constituição rígida.

Nessa medida, é lógica e aceitável a idéia de limites ao poder constituinte derivado: limites formais, inclusive os de procedimento, caracterizadores da constituição rígida – e limites materiais, explícitos e implícitos, os tipos mais referidos pela doutrina recente.

Quanto aos limites implícitos, seu reconhecimento deve ser feito *cum grano salis*, e não se devem confundir, definitivamente, com os chamados limites transcendentes, cuja juridicidade é sempre questionável. Devem resultar de uma cuidadosa aplicação de critérios hermenêuticos, entre eles o da interpretação sistemática, da unidade da constituição, seu caráter marcantemente político, da adequada solução de antinomias, harmonia de sentido.[51] Bonavides[52] escreve:

> "O poder de reforma constitucional exercitado pelo poder constituinte derivado é por sua natureza jurídica mesma um poder limitado, contido num quadro de limitações explícitas e implícitas, decorrentes da Constituição, a cujos princípios se sujeita, em seu exercício, o órgão revisor."

Anote-se, de novo, a polêmica acerca do reconhecimento, ou não, da qualidade constituinte do poder de reforma. Edvaldo Brito,[53] por exemplo, é incisivo: "Reafirme-se, pois, que não há poder constituinte constituído (derivado), sob pena de ambigüidade insuperável". E antes: "Desde o início e com o auxílio do jogo de lógica de Alf Ross, vem afirmando, em cada linha, que a reforma não é poder; é competência. Nestes termos, já recebe as condições do exercício de suas funções de modo imutável".[54]

A mesma idéia é expressa por Recaséns Siches, Carl Schmitt, Pedra de la Vega, e outros.[55] Distinta opinião

---

[51] Existe espaço para uma polêmica: Jorge Miranda coloca-se – ou pretende colocar-se numa posição "moderada" – ao reconhecer a existência de limites materiais – inclusive os implícitos – mas abrindo a porta para o procedimento de dupla revisão. Nega, conseqüentemente, a existência de limites absolutos. Posição semelhante – em certa medida – é a do Professor Manoel Gonçalves Ferreira Filho – apoiando-se, porém, nas peculiaridades da transição política pós-64, e na transição constitucional brasileira – convocação de Assembléia Constituinte por emenda, ou não exclusiva, etc.
Pedro de Veja, no entanto, acompanhado por Canotilho, deixa claro sua posição em favor de delineamentos definitivos dos limites ao exercício do Poder Constituinte Derivado.
[52] Op. cit., p. 175.
[53] *Limites da Revisão Constitucional*, 1993, p. 93 e 105.
[54] Não importa referir que não nos parece justa a separação rígida entre competência e poder. A reforma, em verdade, é poder e competência, simultaneamente, podendo menos – por isso competência – que o poder originário.
[55] Parece-nos que, apesar da ênfase atribuída por Brito, que o poder comporta graduações e níveis; o poder político nunca é puramente bruto, e nunca se distancia completamente do direito. De sorte que é aceitável o uso da expres-

têm, no Brasil, Miguel Reale e Manoel Gonçalves Ferreira Filho, a seguir, afora a referida posição de Jorge Miranda em Portugal.

Ferreira Filho[56] afirma que o "veto" aposto pelas cláusulas pétreas deixaria o direito constitucional brasileiro "petrificado". Para ele, o fundamento dessas cláusulas é a doutrina do Poder Constituinte originário, emanação do povo, que precisaria ser desmitificada, sendo um ideal a teoria clássica, sem fornecer um critério de verdade. Sustenta que o Poder Constituinte pode manifestar-se como bem lhe pareça (e não unicamente por Assembléia Constituinte, etc.). Cita, em reforço de sua tese, a experiência norte-americana da Constituição de 1787, que decorre de reunião para revisão dos Artigos de Confederação, de 1777, ou da França, em que os Estados Gerais, reunidos em 1789, proclamam-se Assembléia Nacional Constituinte.

Parece-nos que o critério deva ser histórico-sociológico. Se é real que a teoria clássica e seu modelo não retratam adequadamente o processo constituinte, não é menos verdade ser importante a forma e o fim da reforma constitucional. O critério histórico-sociológico aponta para o avanço da democracia formal e material como ponto de referência da atuação do poder de reforma.

2.4.4. Tipos de limites

Parte da doutrina constitucional simplificou, até certo ponto, a questão dos limites do poder de reforma, negando a existência de elementos não expressos, e portanto, menos evidentes.

---

são, embora, antes de conceito, possa ser meramente designação. Caso contrário, poderíamos cair na impugnação da própria expressão *Poder Constituinte* (originário)
O poder constituinte derivado será sempre exercido por pessoas politicamente organizadas e representativas. De sorte que poderíamos falar – tanto quanto do poder constituinte originário – de um poder constituinte derivado material e de um poder constituinte derivado formal.
[56] *O Poder Constituinte*, 1999, p. 175 e 176.

Celso Bastos,[57] por exemplo, refere limitações *circunstanciais, temporais processuais, a par das materiais*. A primeira refere-se a circunstâncias, situações jurídico-políticas reconhecidas como anômalas, em que se proíbe aprovar modificações, já que a vontade do legislador, do agente do poder constituinte derivado, pode ser pressionada, porque o chefe do Executivo está dotado de poderes excepcionais, para fazer face às ameaças à ordem, podendo suspender o exercício de algumas garantias, ou, pelo menos, de certos direitos fundamentais. No direito comparado, é comum encontrarmos o Estado de Sítio como situação impeditiva de reforma ou emenda.[58]

As *limitações temporais*, historicamente, foram fixadas para as constituições dos estados nascentes, como EUA e Brasil. Durante certo tempo, a fim de que se consolidassem as instituições, proibiram-se as modificações, total ou parcialmente. São raros os países que hoje a adotam.

As *limitações processuais*, não reconhecidas por muitos autores, decorrem da natureza das constituições rígidas, em que se estabelecem requisitos de maior dificuldade e complexidade para a modificação, tal como limite de iniciativa ou *quorum* mais elevado para aprovação e número de votações (a par da eventual exigência de referendo, ou convocação especial). Tais limites podem ser considerados, grosso modo, formais, já que não dizem respeito a conteúdo de normas constitucionais, mas a procedimento ou a condições externas, de natureza temporária.

Os *limites materiais* são aqueles atinentes a certas normas ou princípios da Constituição, com diferentes designações: normas intangíveis, normas de superlegalidade, superconstitucionalidade, cláusulas pétreas, cer-

---

[57] Op. cit., p. 33.
[58] No Brasil, a previsão está no art. 60, 1º; aí, ao lado do Estado de Sítio, incluem-se o Estado de Defesa e a Intervenção Federal como limites circunstanciais ou conjunturais, previstos, respectivamente, nos arts. 137, 136, e 34 da Constituição Federal.

ne imutável, e outras expressões, pelos quais se proíbe, agora de forma absoluta, a modificação da Constituição. A questão dos limites materiais, seu reconhecimento e sua extensão, porém, suscita controvérsias mais importantes. Autores há que negam a existência de limites absolutos, especialmente os materiais e outros que relativizam. Entre os que os negam, ou os que os consideram inúteis, estão o professor argentino Jorge Reinaldo Vanossi, o italiano Biscaretti di Ruffia e o francês Léon Duguit. Por fundamentos diversos: "uma geração não pode condenar a outra"; "igualdade de todas as cláusulas jurídicas na constituição" e outros argumentos.

Dentre estes, um merece destaque: o de que as cláusulas de intangibilidade constituem disposições superáveis, porque sempre o constituinte poderá recorrer à "reforma de duplo grau". Se, por exemplo, existe uma cláusula que proíbe deliberar sobre a extinção da república ou da federação, bastará votar uma emenda que faça desaparecer tal proibição (e todas as outras, se necessário).[59]

Grosso modo, as variadas classificações, e os tipos de limites daí decorrentes, contêm-se, ou gravitam em torno, ou se articulam com os limites materiais – explícitos e implícitos, transcendentes e imanentes, heterônomos e autônomos –; todos se prendem a valores culturais, políticos, econômicos que o poder constituinte julga relevantes e intangíveis ao poder de reforma, implicando também o reconhecimento de graus de legitimidade do poder normativo.

Costa e Silva,[60] com muita propriedade, refere-se a *fechamento normativo* como valor absoluto aos limites materiais e como indisponibilidade das condições de exercício da competência reformadora pelo poder reformador. Afirma, com razão, que o problema dos limites

---

[59] Desde logo, impõe-se anotar que estas iniciativas e outras – como a redução do *quorum* de aprovação de emendas para *quorum* de lei ordinária, ou inferior, por exemplo – não se compaginam com a dignidade, a necessidade e a função da Constituição escrita e rígida.
[60] Op. cit., p. 148.

não se esgota no argumento da lógica jurídica formal como faz Alf Ross.

O problema envolve, sem dúvida, a correlação entre poderes distintos qualitativamente – o originário e o derivado – entre a legitimidade e a especificidade funcional distintas, baseando-se também na relação entre excepcionalidade do momento constituinte – que tende a aproximar o representante do representado – o povo – e a latente dissociação e afastamento do representante, enquanto detentor de mandato de larga duração, e poder de modificar a constituição.

Pedro de la Vega[61] escreve:

"Son muchas e muy dispares las tipologías que la doctrina ofrece de los límites de la reforma. Se distingue de esta suerte entre límites superiores e inferiores, formales y substanciales, textuales,implícitos y explícitos, temporales y no temporales, absolutos y relativos, heterónomos y autónomos. Para no perdernos en sutilezas y matizaciones que la mayoria de las veces a nada conducen, bueno será reducir todas estas clasificaciones a sus tipos principales."[62]

Os limites heterônomos (segundo alguns, transcendentes) situam-se fora do texto constitucional (nesta medida, implícitos). São considerados típicos dos estados federados. No entanto – e com razão – há críticas,

---

[61] Op. cit., p. 240.
[62] Edvaldo Britto, op. cit., p. 92, adota a seguinte classificação dos limites materiais, baseada em Horst Ehmke:
I - Limites imanentes à Constituição Jurídica
    1 - materiais
        1.1. explícitos
        1.2. implícitos
    2 - circunstanciais
    3 - temporais
II - Limites transcendentes à ordem constitucional positivada
    1 - objetivos da sociedade civil
    2 - direitos e garantias fundamentais do homem, preservados pelo direito internacional.
Considera, também, como transcendentes aqueles impostos pelo poder constituinte originário.

neste particular. Trata-se de um mesmo estado, e os estados federados possuem somente autonomia.

Como limites heterônomos de reforma, existiriam aqueles que decorrem de tratados ou compromissos internacionais. Enquanto transcendentes, também limitariam o poder constituinte originário material e formal. Tais limites são absolutos e insuperáveis por simples atos de vontade do poder reformador.[63]

Os limites autônomos são aqueles postos no texto; podem, portanto ser considerados imanentes. A dificuldade que oferecem não está na identificação ou na localização, mas na definição do alcance e na magnitude. O caso brasileiro, adiante, serve de ilustração.

Podem ser absolutos – caso das cláusulas pétreas – ou relativos, isto é, superáveis - caso dos limites processuais, dos temporais (embora absolutos, durante o período previsto) e dos circunstanciais, aplicando-se a estes as considerações anteriores.

Ainda podem-se mencionar os limites explícitos e os limites implícitos.[64] Quanto aos primeiros, em tese, não oferecem dificuldade de delimitação, já que estão expressos.

Os limites implícitos ao poder de reforma oferecem, em seu reconhecimento, consideráveis dificuldades teóricas. Sua existência somente pode ser deduzida indiretamente, conhecendo-se os pressupostos lógicos e os princípios constitucionais, que, neste caso, forçosamente estarão hierarquizados. Em outras palavras, do ponto de vista hermenêutico, reestabelece-se a conexão entre o poder constituinte originário, por um lado (mais os limites transcendentes, de outro, se os reconhecermos) e os princípios positivados. A partir daí, o problema é o reconhecimento da precedência; depois, em

---

[63] Para alguns, o direito natural constitui limite heterônomo. Isso remete naturalmente à cosmovisão de direito.
[64] De referir, desde logo, que há constituições modernas que não prevêem limites à revisão. A par da discussão sobre a Constituição da Suíça, o caso mais saliente, referido por Pedro de la Vega, é o da Constituição espanhola de 1979, que inclusive, em seu artigo 168, admite reforma total.

havendo o reconhecimento, que tipo de critério estabelecer.[65]

Também, tudo isso remete a métodos, e às chamadas "fontes de interpretação", expressão de Wróblenski, mencionado por Celso Bastos.[66] Quem pode? Quem é legítimo para interpretar a Constituição? Quem dá a última palavra? A resposta depende de uma opção teórica e mesmo ideológica e remetendo também ao exame dos demais meios de mudança da constituição sem alteração do texto.

---

[65] O problema envolve centralmente a legitimidade, os meios e as formas de controle popular sobre o poder; e portanto, a teoria da democracia.
[66] Op. cit., p. 97.

3. Mudança constitucional parcial por mutação

3.1. Considerações preliminares

A mudança na Constituição também pode ocorrer sem alteração do texto, dando-se, portanto, de forma menos perceptível.

A Constituição escrita é o parâmetro. As forças sociais de pressão não cessam e não operam somente no nível de um órgão governamental, e de forma intencional. Também ocorre que a Constituição mude, por ação do Poder Judiciário, no interior do aparelho do Estado ou fora dele, através do costume, por inércia de outro órgão ou por ação do Legislativo.

A repartição de poderes, concebida no Estado Liberal, é produto de uma especialização de funções, segundo a qual as normas produzidas pelo Legislativo servem de parâmetro para o Judiciário, órgão dotado de competência para diminuir os conflitos de interesses, resultante de contradição entre condutas, ou da contradição entre normas. Sua simples existência enseja o exame de "mudança informal", tanto por intermédio da ação do Judiciário, ao decidir e interpretar em concreto e em abstrato, quanto pela ação do Poder Executivo, na aplicação ou execução das normas e na sua interpretação.

No entanto, a experiência do Estado contemporâneo permite perceber que a separação de poderes não esgota, tão singelamente, diferentes meios de produção e alteração de normas.

A Inglaterra, por exemplo, engendrou um sistema, designado *Common Law*, pelo qual as normas gerais e abstratas definem-se principalmente a partir dos arestos precedentes dos tribunais superiores, ficando a lei num plano secundário (muito embora, ao longo dos séculos XIX e XX, a lei – *statute law* – tenha crescido em importância). Algo semelhante ocorre nos Estados Unidos da América do Norte, onde é corrente afirmar: "We are under a Constitution but Constitution is what the judges say it is".

Tanto na Inglaterra, com uma Constituição processualmente flexível, composta por um amálgama de declarações de direitos, leis constitucionais, costumes e precedentes, quanto nos EUA, uma Federação, com Constituição escrita e rígida, a mudança na Constituição opera-se mais pela interpretação/construção dos juízes do que por obra de novos textos constitucionais. A influência do Poder Judiciário e da atividade jurisdicional cresceu no século XX. É de lembrar para isso a criação de Tribunais Constitucionais na Europa, a partir da Áustria e da Alemanha.

Fora da esfera estatal também existem fenômenos de poder político e social. Dentre muitos, na esfera jurídica, destacam-se os costumes, capazes de operar conservação e mudança, inclusive na esfera constitucional. Mudanças operadas por esses meios são feitas, como se referiu, sem alteração do texto, e, virtualmente, somente começaram a ser estudadas no início do século.[67]

Hesse[68] afirma:

"La teoria de la Constitución producida bajo la Ley Fundamental há venido otorgando escasa atención

---

[67] Não se tem claro, em países como o Brasil, a importância da questão da mudança informal, por serem as investigações, relativamente raras. Uadi Bullos, por exemplo, in *Mutação Constitucional*, 1997, Prefácio, p. XVII, XXII, faz referência ao fato da relativa escassez de obras, ressalvando os nomes de Anna Candida Ferraz, Meirelles Teixeira, Nelson de Souza Sampaio e Milton Campos.
[68] *Escritos de Derecho Constitucional*, 1983, p. 87.

al fenómeno de la mutación constitucional. La posibilidad de uma mutación constitucional es admitida de forma absolutamente mayoritaria; ahora bien, o no se ofrece explicación alguna de la misma, o sólo se hace de forma muy sumaria...El estado de la cuestión, tal como há quedado expuesto en lo que antecede con la inevitable limitación a lo que parece esencial, proporciona una serie de importantes aclaraciones. Al mismo tiempo, pone de manifiesto los peligros de las teorías tradicionales. Ninguna desarrolla parámetros precisos y demostrables, que excluyan la tentación de 'puentear' la Constitución invocando la presencia de una mutación constitucional. Quien más se acerca es Heller. Pero tampoco su solución – por las razones expuestas - puede cumplir el cometido que corresponde a una teoría de la mutación constitucional. De ahí que, no sin razón, se encuentre precisamente la teoría de la mutación constitucional expuesta al reproche de que debilita, tanto en conjunto como puntualmente, el sentido normativo de la Constitución."

O chinês Hsü Dau-Lin,[69] em 1932, foi um dos primeiros a escrever sobre o tema, na Alemanha, apoiando-se nas obras pioneiras de Laband e Jellinek.

3.2. Diferentes concepções

Para Dau-Lin, a mudança parcial "informal", ou mutação da Constituição "significa una incongruencia entre las normas constitucionales y la realidad constitucional.". Segundo Verdú, num estudo preliminar, tal concepção deita raízes nas teses de Ferdinand Lassalle, sobre a essência da Constituição, e antecipa as de Karl

---

[69] *Mutación de la Constitución*, 1998.

Loewenstein, em sua conhecida classificação ontológica da constituição.

Georg Jellinek[70] manifestara, já anteriormente, a influência haurida no pensamento de Lassalle, entendendo que a Constituição expressa as potencialidades dos distintos "fatores sociais", em sua teoria geral do Estado.

Para Jellinek, a mutação constitucional é "la modificación que deja indemne su texto sin cambiarlo formalmente que se produce por hechos que no tienen que ir aconpañados por la intención, o consciencia, de tal mutación".Verdú, no estudo preliminar da obra, com a agudeza e o talento característicos, percebe na definição acima uma base em dados psicológicos, "lo cual ofrece um flanco suscetible a la crítica".

Mais recentemente, Pedro de la Vega estuda o problema da mutação constitucional, juntamente com a questão da reforma e do poder constituinte. Reportando-se a Konrad Hesse, o autor reconhece que não há um conceito unívoco de mutação, e que nem se precisou uma tipologia adequada.[71]

3.3. As espécies de mudança parcial por mutação

Pedro de la Vega parte da classificação de Dau-Lin, quanto aos aspectos quantitativo e qualitativo das mutações constitucionais:

1) *Mutações devidas a práticas políticas que não se opõem formalmente à Constituição escrita, e para cuja regulamentação não existe nenhuma norma constitucional.*[72] Trata-se, em verdade, portanto, de casos de possível lacuna no ordenamento constitucional. A lacuna é suprida não

---

[70] *Reforma y Mutación de la Constitución*, 1991.
[71] op. cit., p. 179 e s.
[72] Seriam as práticas ou costumes constitucionais, conforme a Constituição. A expressão "política", aqui, não corresponde à acepção corrente da linguagem jurídica.

com texto ou interpretação escrita, mas, com prática, não existindo, logicamente, contradição com a norma constitucional. O exemplo mais ilustre apontado é o mecanismo de controle da constitucionalidade criado nos Estados Unidos, sem haver previsão na Constituição. Aqui temos costume constitucional, adotado através de um precedente da Suprema Corte – Marbury x Madison.

Outro exemplo, apontado no mesmo país, seria a vedação de reeleição por mais de um período, no período que chegou até o mandato de Roosevelt, e antes de ser editada a emenda nº 22.[73]

2) *Mutações devidas a práticas políticas em oposição aberta a preceitos de constituição.* O exemplo citado é o da proibição constitucional do mandato imperativo, contraposta pela prática parlamentar/partidária de tais mandatos.[74]

3) *Mutações produzidas pela impossibilidade do exercício, ou por desuso, das competências e atribuições estabelecidas na Constituição.* Para Dau-Lin, conforme explica Vega, a prática política e a realidade impedem o exercício de tais direitos; não se trata de que seus titulares abdiquem desse exercício. Um dos casos apontados é o não-exercício, por chefes de estado, do direito de não sancionar leis.[75]

4) *Mutações produzidas através da interpretação dos termos da Constituição, de forma que os preceitos adquirem um conteúdo distinto daquele em que inevitavelmente foram pensados.* Isso se opera essencialmente por meio da autoridade judicial.[76]

---

[73] Quiçá tenha sido exemplo, no Brasil, o do voto de liderança de bancada mesmo diante da previsão da tomada de votos pelo mínimo de maioria simples, no período pós-1946.
[74] Conforme Anna Candida, mutação inconstitucional, hipótese negada por muitos autores.
[75] Parece que se poderia designar tais práticas de *desuso* constitucional, hipótese igualmente rechaçada por alguns autores.
[76] No Brasil, já é expressa na Lei 9.868/99, a previsão de interpretação conforme a constituição e a declaração parcial de inconstitucionaliadade. Antes

Embora não contida no arrolamento anterior, existe a hipótese de que atos normativos parlamentares (e não parlamentares) possam vir a constituir mutação. Primeiramente, isso se deve a que as normas constitucionais são de enunciado mais amplo, e as leis ordinárias que lhes dão ou devem dar precisão, muitas vezes pendem mais para um lado, ou para outro, pondo ênfase em pontos que a Constituição não expressava. Também o caráter compromissório das constituições mais recentes, bem como a expressa previsão de lei complementar ou ordinária, requerem que o legislador ordinário atue, dando, muitas vezes, sentido mais ou menos discretamente diferente ao texto da Constituição.

Conforme Verdú,[77] é igualmente consenso da doutrina alemã existir hipótese de mutação por aplicação supletiva de Regimentos Parlamentares ou, ao contrário, a não-aplicação de dispositivo regimental. Por último, segundo o mesmo autor, a urgência e o estado de necessidade permitiriam, em último caso, que a lei ordinária dispusesse de forma não prevista na Constituição, ou em aparente confronto com ela.

É fácil perceber, nesse arrolamento de hipóteses de mutação, que as primeiras são atinentes ao que genericamente se pode chamar de costume constitucional, ou seja, pela prática de atos que modificam mais ou menos discretamente a Constituição, ou deixando de praticar uma atribuição ou prerrogativa que se prevê no texto normativo. O costume constitucional possui características que, de algum modo, o distinguem do costume em geral. A primeira é a maior rapidez com que se pode formar, conforme o demonstra Anna Candida Ferraz.[78]

---

disso, o Supremo Tribunal já tinha tal prática. Alexandre de Moraes, 2001, refere a ADIn 1127-8, julgada pelo STF, em que liminarmente suspendeu-se a eficácia da expressão ou "desacato" contida no art 7º, § 2º, do Estatuto da OAB, concedendo à imunidade material dos advogados uma interpretação conforme à Constituição. Exemplo do segundo caso seria a decisão do STF na ADIn 1150-2/RS, condicionando a princípio da Constituição Federal a compreensão da Lei 10.098, do Estado do Rio Grande do Sul.
[77] Op. cit.
[78] *Processos Informais de Mudança de Constituição*, 1986, p. 188.

A regra pode surgir não de uma prática reiterada – ao contrário do que se pensa, de forma um tanto errônea, na visão privatista – mas de um ato político, ou de um acordo, que estabelece – maduras as condições – um precedente. Ele pode surgir antes de uma norma constitucional – e ser acolhido por ela – ou partir de uma norma, preenchendo uma lacuna, conforme a doutrina de Jorge Miranda.[79] Possui um elemento externo (objetivo), e um elemento interno, subjetivo, de convicção (ou ao menos de acatamento), do mesmo modo que qualquer forma de costume jurídico.

A segunda característica, conforme a mesma autora – a mais importante – é a de que o costume constitucional não adquire, em plenitude, a eficácia das normas constitucionais escritas. Possui valor inferior – o que é negado, por Bruno Hartz,[80] na esteira de F. Müller. Porém, para Anna Candida, o costume constitucional põe-se acima das normas infraconstitucionais, salvo quando haja expressa previsão de integração à Constituição. Pontes de Miranda,[81] referido pela autora, chega a admitir que o direito não-escrito (costume) possa revogar a regra escrita constitucional.

Anna Candida ainda refere uma terceira característica: a formação *espontânea* e *voluntária*. Neste ponto, a afirmativa deve, no mínimo, ser nuançada. É bastante duvidoso que o costume constitucional surja sempre de modo espontâneo, isto é, sem prévia ou simultânea consciência de seus efeitos ou eficácia. Em muitos casos, o ato que cria o precedente do costume é ato deliberado, refletido, como pode ser aquele do monarca que abre mão do poder de não sancionar a lei, citado na historiografia constitucional, ou o próprio caso Marbury *x* Madison, no início do século XIX, nos EUA.

---

[79] Op. cit.
[80] "O Costume Constitucional", p. 49-62 in *Direito Público em Tempos de Crise*, 1999.
[81] *Comentários à Constituição*, op. cit., p. 301.

Como se viu, é habitual incluir a interpretação como forma de mutação da constituição, especialmente por meio da autoridade judicial. Vale referir, porém, que tem de ser considerada a interpretação feita pelo Poder Executivo, em pareceres, decretos e portarias – que não pode deixar de existir, em alguma medida – e nos próprios atos administrativos. Anna Candida designa tal procedimento de interpretação orgânica, essencialmente administrativa, o que não impede sua ocorrência nos demais poderes. No Brasil pré-88, a doutrina e o Poder Judiciário aceitaram a tese de que o Poder Executivo podia deixar de cumprir leis inconstitucionais, o que, simultaneamente, caracteriza interpretação e costume como via de mutação.

Também pode-se dar a interpretação popular, aquela difusamente feita, e que orienta expectativas e comportamentos de um número indeterminado de pessoas, até que se assente de modo mais pacífico ou cabal um entendimento de uma prescrição constitucional.

É interessantíssima a tese de Peter Häberle,[82] considerado precursor do método concretista da "Constituição aberta", tendente à democratização do processo interpretativo, a partir da racionalização do método tópico. "Cidadãos e grupos, órgãos estatais, o sistema público e opinião pública representam forças produtivas de interpretação; eles são intérpretes constitucionais em sentido lato, atuando nitidamente, pelo menos, como pré-intérpretes".

Faça-se menção à interpretação doutrinal, que, indiretamente embora, implica mutação – o exemplo apontado por Anna Candida foi o trabalho infatigável de Ruy Barbosa e Pedro Lessa, na construção da doutrina do *habeas corpus* na República Velha. Na verdade, é na doutrina que muitas vezes se mostra mais evidente o embate ideológico, freqüentemente escamoteado.[83]

---

[82] *A Sociedade Aberta dos Intérpretes da Constituição*, 1997, p. 14.

[83] Ao se referir aqui à interpretação doutrinária, é necessário acrescentar a ação doutrinária não interpretativa, mas propositiva, como importante elemento ou fator de mudança.

Refira-se, por fim, a interpretação constitucional autêntica, aquela realizada pelo órgão a que incumbe dispor normativamente. Reportando-se a Pinto Ferreira, a autora afirma, com razão, que é difícil conhecer a Constituição de um país sem conhecer a legislação infraconstitucional que a põe em movimento. Trata-se de atividade permanente, de composição da malha legal infraconstitucional. Logicamente, o autor, ou os autores propositores das normas, as comissões, o plenário do Legislativo, ao discutir e votar uma lei ordinária, examinam as condições de compatibilidade da norma com o texto constitucional. Algumas categorias das normas do processo legislativo, como as leis complementares, são condição, explicitamente prevista no texto, de eficácia plena da norma constitucional.

Finalmente, identificam-se atos normativos, de diferentes níveis, capazes de produzir modificação.[84] Quanto a estes, valem as referências feitas ao caráter compromissório das constituições contemporâneas, à amplitude de suas normas em sistema aberto, e à própria e expressa previsão de normas que dêem concretude à Constituição, "completáveis", ou de "eficácia contida".

3.4. Os limites da mudança parcial por mutação

Um grave problema coloca-se intuitivamente: os limites da mutação, que se prendem logicamente à concepção que se tenha sobre sua própria natureza.

Konrad Hesse[85] pôs ênfase nesse problema teórico fundamental, que, a rigor, equivale a aquilatar o valor

---

[84] Para Pedro de la Vega, é cabível a distinção feita pela doutrina italiana (Mortati, Biscaretti di Ruffia e outros) entre mutação por atos normativos (ou por normas estatais) e mutação por fatos normativos (costumes *praeter legem*, *contralegem*) a fim de o melhor enfrentar o problema dos limites às mutações. A doutrina italiana, nesse passo, repõe o dualismo norma/fato, norma/realidade, programa/âmbito normativo.
[85] *Escritos de Derecho Constitucional*, op. cit., p. 88.

jurídico real das mutações. Escreve, propondo uma teoria de mutação:

"Falta cualquier respuesta a la cuestión de si existen límites a un cambio de este tipo o dónde, eventualmente, quepa situar éstos ... No se hán empreendido, que sepamos, otros intentos de fijación de límites, en característico contraste con el problema de los límites de la reforma constitucional, que há gozado de amplio tratamiento. Y, sin embargo, estamos únicamente ante dos caras de una mísma tarea: la garantía de la Constitución exige el control y, en su caso, el bloqueo de diversas vías de erupción, quedando incompleta cuando alguna de ellas queda desatentida."

E, mais adiante, incisivo:

"La mutación contitucional y sus límites sólo se alcanza a entender con claridad cuando la modificación del contenido de la norma es compreendida como cambio 'en el interior' de la norma constitucional mísma, no como consecuencia de desarrollos producidos fuera de la normatividad de la Constitución, y cuya 'mutación' en normalidad estatal tampoco se puede explicar satisfactoriamente cuando se parte de una relación de coordinación correlativa entre normalidad y normatividad. Ello hablaria en favor de un punto de partida similar a los de Smend y Hsü-Dau-Lin. Pero la incorporación de la 'realidad' a la 'norma' exige una mayor clarificación y diferenciación. Estas son posibles a partir de los recientes trabajos de F. Müller sobre la estructura de las normas constitucionales".

Pedro de la Vega[86] rechaça a mutação através de atos normativos. O autor considera tais mudanças contrárias "à estrutura e aos esquemas racionalizadores do Estado Constitucional". O mesmo raciocínio, em outras

---
[86] Op. cit.

palavras, aplica à análise dos costumes constitucionais, sejam eles *contra ou praeter legem*, ou, até mesmo, *secundum constitutionem*, pouco importando que a justificação se dê conforme a doutrina francesa ou de acordo com o Volksgeist, que marcou uma tendência doutrinária alemã no século XIX, com Savigny à frente.[87] Quanto à interpretação, judicial ou extrajudicial, que seja contra a Constituição, tal possibilidade é rechaçada, como se antecipou. Joaquim Canotilho e Jorge Miranda negam-na. O segundo afirma que a interpretação só pode funcionar para preservar o espírito da Constituição. O primeiro está na mesma direção.

Konrad Hesse[88] chega a afirmar: "Allí donde no se suscitan dudas no se interpreta, y con frecuencia no hace falta interpretación alguna". E adiante: "Aunque el Tribunal sea competente para fijar este contenido con eficacia vinculante, no por ello se encuentra por encima de la Constitución, a la que debe su existencia". Assim, está implicitamente limitando a interpretação e vedando a mutação inconstitucional por via da interpretação.

Para Pedro de la Vega,[89] a contraposição entre realidade jurídica (normalidade) e realidade política (faticidade) está na base problemática das mutações constitucionais, podendo-se aventar três soluções teóri-

---

[87] O professor Bruno Hartz, porém, tem opinião diferente. Para ele, pode-se afirmar que o costume é essencialmente constituinte (v.g., qual será o conteúdo da primeira constituição, a definição de quem a fará e a titularidade da soberania do Estado?) e que a constituição, em seus degraus superiores, como núcleo mínimo da organização fundamental da sociedade e como fundamento de validade do direito nacional – *mores maiorum* – é necessariamente costumeira... Como a nação se exprime pelo costume, este será o substrato de todo o ordenamento jurídico, a fonte de toda constituição escrita. Para este, o costume pode ser "supra-constitucional" ou constitucional e atua de três modos: "confirma, supre e modifica o direito escrito". E refere algumas situações em que se reconhece o costume como fonte de direito constitucional, isto é, como *mutação*. Nos EUA, a negativa de Washington em aceitar um terceiro mandato foi o ato precedente ao costume. No Brasil, a posse do Vice-Presidente perante o Congresso Nacional, antes da posse do presidente, é regra não escrita. Por último, a reedição de medida provisória, com mesmo conteúdo, foi prática do Executivo, coonestada pelo Legislativo, e finalmente reconhecida pelo Judiciário.
[88] *Escritos de Derecho Constitucional*, op. cit., p. 35/6.
[89] *Da Constituição*, 1956.

cas possíveis: primeira: o triunfo do fático sobre o normativo; segunda possibilidade bipartida: a) a legalidade constitucional assume formalmente, por via da reforma, as mudanças operadas previamente por mutação, desaparecendo a tensão e b) a força dos fatos se impõe sobre a força das normas; terceira possibilidade – a mais realista: um acoplamento entre normalidade e realidade política, propondo-se a coexistência harmônica.

Diversas teorias constitucionais procuram dar conta dessa tensão: Lassalle[90] resolve-as em favor dos *"fatos"* – os fatores reais de poder; Hesse, em seu diálogo com Lassalle, em "A Força Normativa da Constituição",[91] brilhantemente, explica:

> "Faz-se mister encontrar, portanto, um caminho entre o abandono da normalidade em favor do domínio das relações fáticas, de um lado, e a normalidade despida de qualquer elemento da realidade, de outro. Essa via somente poderá ser encontrada se se renunciar à possibilidade de responder às indagações formuladas em base numa rigorosa alternativa. A norma constitucional não tem existência autônoma em face da realidade. A sua essência reside na vigência, ou seja, a situação por ela regulada pretende ser concretizada na realidade. Essa pretensão de eficácia (*Geltungsansprunch*) não pode ser separada das condições históricas de sua realização, que estão, de diferentes formas, numa relação de interdependência ... Mas, – esse aspecto afigura-se decisivo – a pretensão de eficácia de uma norma constitucional não se confunde com as condições de sua realização; a pretensão de eficácia associa-se a essas condições como elemento autônomo. A constituição não configura, portanto, apenas expressão de um ser, mas também de um dever ser; ela significa mais do que simples reflexo das

---
[90] *Que é uma Constituição?*, 1980.
[91] Fabris, 1991, p. 14.

condições fáticas de sua vigência, particularmente as forças sociais e políticas. Graças à pretensão de eficácia, a Constituição procura imprimir ordem e conformação à realidade política e social. Determinada pela realidade social e, ao mesmo tempo, determinante em relação a ela, não se pode definir como fundamental nem a pura normalidade, nem a simples eficácia das condições sócio-políticas e econômicas. A força condicionante da realidade e a normatividade da Constituição podem ser diferençadas; elas não podem, todavia, ser definitivamente separadas ou confundidas."

Hermann Heller,[92] em quem Hesse se apóia, resolve da seguinte maneira a tensão entre *norma* e *fato*:

"El conocimiento del Estado y del derecho no deve olvidar nunca, ciertamente, el caráter dinámico de su objecto (cf. arriba, p. 65). Pero menos aún debe olvidar que sólo cabe hablar de una constitución si se la afirma, no obstante la dinámica de los procesos de integración constantemente cambiantes y en ellos, con un carácter relativamente estático. La Constitución del Estado no es, por eso, en su primer término, proceso sino producto, no actividad sino forma de actividad; es una forma abierta a través de la cual pasa la vida, vida en forma y forma nacida de la vida. Así como en una melodía 'transportada' han cambiado los 'elementos' y, sin embargo, la melodía se estima idêntica (cf. arriba, p. 84), así también en el sucederse y el coexistir de los cooperadores que cambian se ve cómo la Constitución persiste como unidad diferenciable.

La Constitución permanece a través del cambio de tiempos y personas gracias a la probabilidad de que se repita en lo futuro la conducta humana que concuerda com ella. Esta probabilidad se asienta, de una parte, en una mera normalidad de hecho, con-

---
[92] *Teoria del Estado*, 1942, p. 278.

forme a la Constitución, de la conducta de los miembros, pero además en una normalidad normada de los mísmos y en el mísmo sentido. Cabe, por eso, distinguir en toda Constitución estatal, y como contenidos parciales de la Constitución política total, la Constitución no normada y la normada, y dentro de ésta, la normada extrajurídicamente y la que lo es jurídicamente. La Constitución normada por el derecho conscientemente establecido y assegurado es la Constitución organizada.

Así como se no pueden estimar completamente separados lo dinámico y lo estático, tampoco pueden serlo normalidad y la normatividad, el ser y el deber ser en el el concepto de la Constitución. Una Constitución política sólo puede concebirse como un ser al que dan forma las normas. Como situación política existencial, como forma y ordenación concretas, la Constitución sólo es posible devido a que los partícipes consideran a esa ordenación y a esa forma ya realizadas o a realizarse en el futuro, como algo que debe ser y lo actualizan; ya sea que la forma de actividad acomodada a la Constitución se haya convertido para ellos, por medio del hábito, en una segunda naturaleza, en conformación habitual de su propio ser apenas estimada como exigencia normativa consciente; ya sea que los miembros motiven su conducta, de modo más o menos consciente, por normas autónomas o heterónomas."

Müller, segundo Bonavides,[93] produziu novo método de interpretação da Constituição. Seu método é concretista, no dizer do autor cearense. Tal método também supera a tensão dialética entre conservação da constituição formal e mutação.

Müller[94] escreve:

---

[93] *Curso de Direito Constitucional*, op. cit., p. 414.
[94] *Métodos de Trabalho do Direito Constitucional*, 2000, p. 53.

"Quando juristas falam e escrevem sobre 'a' constituição, referem-se ao texto da constituição; quando falam 'da' lei, referem-se ao seu teor literal. Mas um novo enfoque da hermenêutica jurídica desentranhou o fundamental conjunto de fatos (*Grundsachverhalt*) de uma não-identidade de texto e norma. Entre dois aspectos principais, o teor literal de uma prescrição juspositiva é apenas a 'ponta do *iceberg*'. Por um lado, o teor literal serve, via de regra, à formulação do programa de norma, ao passo que o *âmbito da norma* normalmente é apenas sugerido como um elemento constitutivo da prescrição. Por outro lado, a normatividade, pertencente à norma segundo o entendimento veiculado pela tradição, não é produzida por esse mesmo texto. Muito pelo contrário, ela resulta dos dados extralingüísticos de tipo estatal-social: de um funcionamento efetivo, de um reconhecimento efetivo e de uma atualidade efetiva desse ordenamento constitucional para motivações empíricas na sua área; portanto, de dados que, mesmo que quiséssemos, nem poderiam ser fixados no texto da norma no sentido da garantia de sua pertinência. Também o 'conteúdo' de uma prescrição jurídica, i. é, os *impulsos de ordenamento, regulamentação* e *critérios de aferição* que dela partem (porque publicados, veiculados, transmitidos, aceitos e observados), não estão substancialmente 'presentes' no seu teor literal. Esse conteúdo também pode ser formulado apenas em linguagem *Sprachlich* pelo teor literal, pode ser 'representado' apenas pelo modo peculiar à linguagem. Não é o teor literal de uma norma (constitucional) que regulamenta um caso jurídico concreto, mas o órgão legislativo, o órgão governamental, o funcionário da administração pública, o tribunal que elaboram, publicam e fundamentam a decisão regulamentadora do caso, providenciando, quando necessário, a sua implementação fáctica – sempre conforme o fio condutor da formulação lingüística dessa norma (constitucional) e com outros meios metódicos auxiliares de concretização."

Com relação à prática, ao costume como meio de mutação, Müller[95] é categórico, em contraste com a posição de Pedro de la Vega:

"A não-identidade de norma e texto da norma, a não-vinculação da normalidade a um teor literal fixado e publicado com autoridade ressalta também do fenômeno do *direito consuetudinário*. Não se duvida da sua qualidade jurídica, embora ele não apresente nenhum texto definitivo com autoridade. Essa propriedade do direito, de ter sido elaborado de forma escrita, lavrado e publicado segundo um determinado procedimento ordenado por outras normas, não é idêntica à sua qualidade de norma. Muito pelo contrário, ela é conexa a imperativos do Estado de Direito e da democracia, características do estado constitucional burguês da modernidade. Mesmo onde o direito positivo dessa espécie predomina, existe *praeter constitutionem* um direito (constitucional) consuetudinário com plena qualidade de norma."

3.5. Problema terminológico

A denominação do fenômeno também é ponto de discrepância.

Jorge Miranda[96] alude às vicissitudes constitucionais tácitas. Anna Cândida[97] refere-se à expressão de Georges Burdeau, "poder constituinte difuso", um poder constituinte cotidiano, operando de acordo com e por

---

[95] Op. cit., p. 54.
[96] Op. cit.
[97] Op. cit.

referência à Constituição escrita. Pinto Ferreira[98] alude à "mudança material". Bulos[99] prefere a expressão "meios difusos", correspondente ao plano teórico de Burdeau. A doutrina italiana, segundo Pedro de la Vega,[100] tem preferência pela expressão "modificações constitucionais tácitas". Segundo o mesmo autor, na doutrina francesa há preferência pelo uso da expressão *coutume constitutionnelle* – costume constitucional. A doutrina alemã costuma fazer a distinção , entre *Verfassungsänderung* – "reforma constitucional" – e *Verfassungswandlung* – "mutação constitucional".

A expressão "mutação" está presa, em certa medida, por origem, à esfera da biologia, para designar mudanças que se operam em seres vivos, lentamente, de forma discreta ou imperceptível. Nesse sentido, é aceitável a expressão "meios difusos", permitindo perceber que a mudança se opera não somente por obra do Legislativo, mas também por outros poderes e esferas do Estado.

A expressão "mudança informal" é mais designação que conceito, mas tem uma relativa consagração e uso corrente. Em verdade, no rigor científico, parece-nos inaceitável, porque as mudanças de significado da Constituição, que se operam por meio do Judiciário, também têm assento, registro e *status* formal, devendo, inclusive, ser necessariamente publicadas, em sua forma escrita e sistematizada, na medida em que se trata de ato do Poder estatal. O mesmo vale para o Executivo, quando produz, por escrito, atos de mutação normativa. Usamo-las como expressões sinonímicas. Porém, preferimos a expressão *mutação*, porque dá conta da progressividade do processo de mudança e de sua natureza relativamente lenta e pouco perceptível.

---

[98] Princípios Gerais de Direito Constitucional Moderno, *Revista dos Tribunais*, 1971.
[99] *Mutação Constitucional*, 1997, p. 58.
[100] Op. cit.

3.6. Conexões teórico/práticas entre mudança parcial por reforma e por mutação

Como afirmado, é importante operar com um *conceito unitário* de mudança constitucional, abrangendo tanto a transição/passagem de uma constituição a outra, quanto as modificações que se operam sob o rótulo de "reforma", *lato sensu*, bem como mutação da Constituição.[101]

Assim, é importante referir e estudar quais são as relações que se estabelecem entre esses três momentos ou dimensões de um único processo – o processo constituinte originário, o processo reformador da Constituição e a atividade de mutação.[102]

Os apontamentos trazidos permitem perceber, a nosso juízo, uma determinada conexão dialética entre as três dimensões da mudança constitucional, não claramente desvendadas, no nível teórico.

Primeiramente, como se verificou, é possível perceber a existência comum de limites. Na mutação, os limites são, em geral, reconhecidos pela doutrina, na medida em que, num sistema em que a Constituição escrita é *lex legum*, a *grundnorm*, produzida em momento definido, em ato especial que traduz a soberania popular/nacional no plano jurídico – toda modificação que se dê, fora de tais condições, deve guardar consonância com o texto normativo de uma Constituição que se pretenda preservar idêntica a si mesma. Isso quer dizer consonância em seus princípios, em seus fundamentos. Não é de admitir a tranqüila progressão dos "fatos" – normativos infraconstitucionais, atos, prática e normas do Poder Executivo, prática, decisão e interpretação do

---

[101] Para tanto, nos aproximamos do conceito de Jorge Miranda – *vicissitudes constitucionais*.
[102] Parece-nos que o problema, no âmbito específico do direito constitucional, não é mais do que o antigo e clássico problema das fontes do direito, do seu sistema e da própria possibilidade teórica de identificação, tendo-se em conta a clássica dicotomia – e a polêmica sempre aberta – entre "fontes formais" e "fontes materiais" do direito.

Judiciário, prática paraestatal social, em geral, que muitos reduzem a costume, enfim, não é de conceber uma tranqüila progressão dos fatos *contra* a Constituição, substituindo-a, ou modificando-a fundamente. Somente a atividade constituinte originária, em convocação especial, com um poder constituinte material distinto, ou, pelo menos, um novo poder constituinte formal, pode superar a Constituição escrita e seus princípios fundamentais.

Importa assinalar desde logo, como Pedro de la Vega,[103] que a reforma constitucional e a mutação (podendo-se aplicar-se à mudança *lato sensu*) têm que aparecer como

> "términos en cierta manera complementários y excluyentes. En la medida en que un ordenamiento se vea sometido a reformas continuas, la mutación dejará de tener sentido. Y la inversa, en la medida en que la reforma se contemple con recelo y no se recurra a ella, proliferarán ineluctablemente como sustitutivos las mutaciones constitucionales."

É possível admitir limites do poder reformador, face às instâncias do "poder constituinte difuso". Existe uma hierarquia formal e até material; porém, isso não implica negar que a hegemonia, a imposição das emendas constitucionais, deva dar-se com certa contenção, com respeito às estruturas "do poder constituinte difuso", não as destruindo, nem as revogando inteiramente. Assim, seria impossível ou remoto supor que um processo de reforma de Constituição pudesse pôr abaixo toda a jurisprudência construtiva, toda a mutação de costume progressivo, todos os atos normativos de mutação anteriores. Bem ao contrário, como já se referiu, boa parte das vezes pelo próprio mecanismo dialético, a força da mutação traduz-se em reforma da Constituição, porque já ganhou um elemento essencial – *legitimidade*.

---

[103] Op. cit., p. 181.

O mesmo raciocínio se aplica, como se viu, às relações entre poder de reforma da Constituição e poder constituinte originário. Não ocorre que uma nova Constituição ponha abaixo todo o produto da atividade de mudança por mutação e por reforma, porque, num e noutro caso, plasmaram normas que adquiriram um mínimo indispensável de consenso e legitimidade, mesmo quando há um processo revolucionário, radical. Por exemplo, as normas de representação política - ou o princípio, ainda que teoricamente modificado na essência - permaneceram, na Revolução Russa, inspirados em certa medida na Revolução Francesa – governo de assembléia, mandato imperativo, etc. A Revolução francesa, ela mesma, não destruiu por inteiro o princípio de representação, que se desenvolvera ao longo da Idade Média, especialmente no poder local das cidades/burgos. Ao contrário, reforçou-o. E a Idade Média Feudal francesa, com certeza, de alguma forma, inspirou-se nas instituições representativas de Roma e da Grécia, ainda que com conteúdo e forma modificados.

4. Mudança constitucional no Brasil pós-88

4.1. Antecedentes

4.1.1. Mudança nas Constituições brasileiras

O Brasil, historicamente, está no domínio do sistema jurídico europeu continental, que, de certa forma, foi transposto para cá pela ocupação portuguesa. Ou seja, um sistema de codificação e com categorias jurídicas baseadas no Direito Romano.

Passou o Brasil a ter um sistema de constituições escritas após a independência, em 1824. Sucessivamente, vieram as Constituições de 1891, 1934, 1937, 1946, 1967 e 1988.

Desde 1824, elementos da teoria liberal estão presentes nos textos – um arrolamento de direitos individuais, limitadores do poder estatal, os princípios de representação popular e democracia formal, autonomia dos poderes, propriedade privada.[104]

Passando o período monárquico, liquida-se o Poder Moderador – fórmula rara –, separa-se o Estado da Igreja, institui-se a Federação e o Presidencialismo. A partir de 1934, introduzem-se importantes conceitos novos – como o da função social da propriedade – e com isso, o "constitucionalismo social", correlato com o "estado intervencionista" (*wellfare state*) e com a chamada

---

[104] Por tradição, os textos jurídicos não fazem essencial distinção entre propriedade dos bens de consumo e propriedade dos bens de produção.

"segunda geração de direitos". Anuncia-se, já no Brasil também, a crise de um modelo – do capitalismo concorrencial, que aqui não chegou a existir - e o reconhecimento do capitalismo monopolista de estado, subordinado aos países dominantes, ou seja, uma forte associação dos interesses das empresas monopolistas com os estados nacionais, que vai se acentuar com a 2ª Grande Guerra Mundial.[105]

Tais Constituições são rígidas – exceção feita à de 1824, a um tempo rígida e flexível. Até a Constituição de 1946, inclusive, o processo de reforma ou revisão opera-se parcimoniosamente. Após 1964, no entanto, verifica-

---

[105] Dalmo Dallari, in *Elementos da Teoria Geral do Estado*, 1977, p. 246-247, destaca lucidamente: "E a necessidade de controlar os recursos sociais e obter o máximo proveito com menor desperdício, para fazer face às emergências da guerra, leva a ação estatal a todos os campos da vida social, não havendo mais qualquer área interdita à intervenção do Estado. Terminada a guerra, ocorre um avanço maior do intervencionismo, pois inúmeras necessidades novas impõem a iniciativa do Estado em vários setores: na restauração dos meios de produção, na reconstrução das cidades, na readaptação das pessoas à vida social, bem como no financiamento de estudos e projetos, sugeridos pelo desenvolvimento técnico e científico registrado durante a guerra". E mais adiante: "Até há poucos anos as grandes empresas e os grandes grupos capitalistas viam a participação do Estado nas atividades econômicas e sociais como um fator de restrição à liberdade. Entretanto, essa participação acabou por se revelar altamente benéfica para os detentores de capital e dirigentes de empresa, pois o Estado passou a ser um grande financiador e um dos principais consumidores, associando-se com muita freqüência aos maiores e mais custosos empreendimentos". E reporta-se a John Kenneth Galbraith, o notável economista, sociólogo e político norte-americano, em sua obra "O Novo Estado Industrial", assim: "apenas os defensores profissionais do sistema da livre iniciativa, membros de um ofício humilde e mal pago, ainda defendem o domínio da competição, sendo este o teste pelo qual melhor se pode calcular que seus clientes fracassarão". Constatando as influências do planejamento e do desenvolvimento tecnológico no mundo atual, observa que o planejamento bem sucedido nas áreas de tecnologia cara e sofisticada exige que o Estado subscreva os custos de pesquisa e aperfeiçoamento, e que garanta um mercado para os produtos resultantes. "O atrativo exercido pela tecnologia refinada, mesmo sobre as pessoas de um menor nível cultural, fez com que o seu financiamento se tornasse uma função social aprovada, não se indagando dos reais benefícios que o empreendimento trará à sociedade. Além disso tudo, observa-se que os modernos processos de organização, produção, divulgação, venda e distribuição não ficam mais na dependência de mecanismos espontâneos de oferta e procura, nem decorrem de iniciativa idealistas que assumem todos os riscos. Em lugar disso, apoiam-se em pessoal técnico altamente especializado, que, na sua quase totalidade, têm a sua formação financiada ou mesmo custeada pelo Estado."

se uma atividade de mudança "formal" muito constante, quantitativamente importante.[106]

A Constituição de 1824 dispunha, em seu art. 178, ser só "constitucional o que diz respeito aos limites, e atribuições respectivas dos Poderes Políticos, e aos Direitos Políticos, e individuais dos cidadãos. Tudo, o que não é constitucional, pode ser alterado sem as formalidades referidas, pelas Legislaturas ordinárias". A Câmara dos Deputados decidia, depois de três leituras, com intervalos de sete dias, se a proposta de alteração poderia prosseguir. Caso positivo, a mudança seria aprovada, dali por diante, com o procedimento próprio de lei ordinária.

A Constituição de 1934 previa, em seu art. 178, *emenda*, quando as alterações propostas não modificassem a estrutura política do Estado, a organização ou a competência dos poderes da soberania, ou *revisão*, nas demais hipóteses.

A Emenda deveria ser aprovada, em duas discussões, pela maioria absoluta da Câmara dos Deputados e do Senado Federal, em dois anos consecutivos. Se obtivesse dois terços dos votos de uma Casa, seria enviada imediatamente à outra.

Em caso de revisão, a aprovação de um anteprojeto dava-se por maioria absoluta em cada casa. O anteprojeto, depois, era votado em três discussões, em duas sessões legislativas, em cada casa.

Conforme a Constituição de 1937, as Emendas, aprovadas por "maioria ordinária" da Câmara dos Deputados e do Conselho Federal, seriam levados à sanção do Presidente da República. Tal era a peculiaridade da Constituição, que ainda permitia ao Presidente convocar plebiscito sempre que houvesse ou deixasse de haver alteração formal parcial contrária à sua vontade.

---

[106] As causas desse processo podem estar associadas à crise do Estado de Bem-Estar, em geral, e, em particular, ao fim do período de aproveitamento das vantagens econômicas auferidas nos períodos de guerra, por países periféricos como o Brasil e, principalmente, a Argentina.

A Constituição de 1967 criou um capítulo sobre o processo legislativo, facilitando e simplificando o procedimento em relação às anteriores, fixando um *quorum* de maioria absoluta. Importa ter presente que após a edição do Ato Institucional nº 1, de 10/4/1964, o Presidente podia alterar a Constituição, unilateralmente, sem consulta ao Congresso, com poderes superiores àqueles previstos no texto da Constituição instrumental/formal.

A Constituição de 1824 não conheceu limites materiais ou circunstanciais explícitos; porém foi a única a ter uma cláusula temporal de proibição de reforma (art. 174), até 4 anos depois de jurada a Constituição. Curiosamente, deixava expresso que só era "constitucional", o que nela se continha, atinente aos poderes e direitos políticos e aos direitos individuais. A Constituição de 1891 estabeleceu, em seu art. 90, a proibição de reforma no referente à "forma republicana federativa ou à igualdade de representação dos Estados no Senado". Limitação material, portanto, somente. A Constituição de 1934 estabelecia limitação material - forma republicana federativa (art. 178), e circunstancial, pelo estado de sítio (art. 178, § 4º). A de 1937, ao contrário, nada previa. A Constituição de 1946 reestabeleceu os limites, o mesmo dispondo a Constituição de 1967. A Constituição de 1988 incorpora novos elementos às cláusulas pétreas – direitos individuais e políticos.

Exceção feita às Constituições de 1824, outorgada pelo Imperador – embora baseada no projeto da Constituinte, dissolvida – e 1937, outorgada por Getúlio Vargas, com vista ao projeto do Estado Novo, as demais Constituições brasileiras foram criadas por corpos de representantes do povo, que, em geral, se intitularam Assembléias Constituintes. No entanto, sem exceção, todas agiram como Assembléia Constituinte e, ao mesmo tempo, ou posteriormente, como Poder instituído, legislativo e reformador. Eram, em verdade, Congressos Constituintes, Assembléias Constituintes encarregadas, portanto, de pluralidades de funções jurídicas. Derivaram sempre de atos convocatórios especiais, decorrentes de uma alteração substancial na correlação e equilíbrio de forças políticas. O poder constituinte formal, em tais ocasiões, era sempre renovado, com vista a tal missão, exceção feita à Constituição de 1967, em que os deputados e senadores, no curso de seus mandatos, foram chamados a elaborar nova Constituição, no prazo de quarenta e cinco dias, a contar do recebimento de um projeto do Poder Executivo do regime militar – Ato Institucional nº 4, publicado em 7/12/1966, art 1º.

Do ponto de vista do poder constituinte material, isto é, da idéia de Direito consensualizada, ou imposta, em dado momento, nem sempre se verificou renovação, no sentido de conter elementos originais ou inéditos. A Constituição de 1946, por exemplo, é tida como uma volta a 1934, sem a representação corporativa. A de 1967 representa, em termos, um retorno à Constituição de 1937.

Por outra parte, a Constituição de 1891 operou importantes mudanças no nível político/institucional estatal – República, Federação e Presidencialismo, bem como a Constituição de 1934, no próprio plano conceitual – função social do Estado e do Direito – como já referido.

As constituições brasileiras, por tradição, deixam entrever a influência de modelos ou "famílias" constitucionais externas: a de 1824, quanto possível, o modelo inglês, monárquico e parlamentista; a de 1891, em que, nominalmente passamos à designação de República dos Estados Unidos do Brasil, o norte-americano, com República, Federação e Presidencialismo; 1934 inspira-se no modelo "weimariano" e, ao mesmo tempo, no corporativismo português, e italiano; a Constituição de 1937 é conhecida como "Polaca"; a Constituição de 1988 deixa-se inspirar pela portuguesa, especialmente, e pela espanhola.

A Constituição de 5 de outubro de 1988 é, ao mesmo tempo, avanço e restauração. No nível dos instrumentos e meios de atuação do Estado para seus fins sociais, pode ser considerada até um pouco aquém de outras anteriores.[107] Criou, porém, uma estrutura de direitos fundamentais muito aperfeiçoada e abriu o campo para proteção e exercício dos "direitos de terceira geração", especialmente quanto a interesses difusos dos consumidores, meio ambiente, patrimônio histórico e cultural, moralidade e probidade administrativa, isto sem falar na missão renovadora que concretiza no terreno dos conceitos de família, união estável e igualdade matrimonial e filial.

Do ponto de vista da ruptura "sociologicamente considerada", referida antes por Canotilho, o Brasil não conheceu, como "veículo do poder constituinte" (Ferreira Filho), nenhuma revolução, tal como definida anteriormente, a exemplo de Cuba, 1959, China, 1949, Rússia e México, 1917, França, 1789, etc. Produz-se, em geral, anteriormente ao processo constituinte, uma quebra/ruptura do ordenamento jurídico, sob forma de "Golpe de Estado", isto é, de golpes de mão operados pela elite dominante, a partir do próprio aparelho de Estado (1937, e, em termos, 1889 e 1964), ou até certo ponto, 1930. Destaquem-se duas situações: a primeira, relativa ao movimento de 1930. Foi um dos raros momentos históricos em que o Brasil se aproximou da revolução. No entanto, contidos os elementos tenentistas mais radicais, alijados do processo, e cooptada progressivamente a classe operária, o Movimento de Trinta operou as mais profundas mudanças conhecidas entre nós: legislação trabalhista, sindicalismo, corporativismo, esvaziamento da Federação agrarista, atuação estatal na economia, incentivos, planejamento e modernização industrial.

---

[107] Veja-se, a propósito, Carrion, op. cit, p. 112, e Faria, *Brasil Pós-Constituinte*, p. 19 e 20, 1989.

As classes agrárias, até então, incontrastavelmente hegemônicas, passam a ceder espaço no bloco de poder, às burguesias urbanas, o que se ilustra, sobretudo, com o deslocamento geográfico do poder econômico do Rio de Janeiro para São Paulo. O proletariado, no entanto, continua contido e subordinado.

Há diversas expressões, descrevendo situações relativas à ruptura: momento pré-constituinte, "poder constituinte material", "destruição" do poder constituinte anterior (C. Schmitt) "vicissitudes totais" (J. Miranda), etc. O momento 1985/1988 tem a particularidade de ser uma transição sem ruptura do ordenamento jurídico: sai-se do regime militar – com a eleição de um Presidente civil, pelo Colégio Eleitoral do regime militar, que tem promessas de reestabelecimento das liberdades públicas e das garantias democráticas. Mais ainda: o ato convocatório dá-se por *Emenda Constitucional* à Constituição velha – emenda nº 26, de 27/11/1985 – chamando o Congresso a ser eleito a reunir-se unicameralmente em 1º de fevereiro de 1987, sob a direção do Presidente do Supremo Tribunal Federal, devendo a Constituição ser aprovada em dois turnos de votação por maioria absoluta.

A "Nova República" irá brotar da "Velha República Nova" com certa naturalidade, e com um nível de continuidade formal e material muito apreciável. Trata-se de uma transição "pactada pelo alto", conforme alguns politólogos.[108]

Um exame mais profundo dos processos de mudança informal, no período pré-88 demandaria um espaço que, logicamente, não cabe na dimensão da obra. No entanto, algo pode ser referido. No plano das práticas constitucionais, existem referências, como as que faz

---

[108] Segundo Faria, op. cit., opera-se uma "transição pela transação", num acordo que se esgota "sem ter estabelecido qualquer transformação da ordem sócio-econômica e sem haver consolidado novos espaços democráticos, fato esse comprovado pela conversão de uma Assembléia Constituinte exclusiva em um Congresso com poderes constituintes, conversão essa, efetuada com a manifesta finalidade de atrelar a legalidade nascente à ordem vigente e às práticas de reprodução a ela inerentes.". *O Brasil Pós-Constituinte*, 1989, p. 16.

Hartz[109] ao caso da evolução costumeira do sistema de 1824 ao regime parlamentar; a prática, durante a República pós-Trinta, de não-cumprimento, pelo Executivo, de leis inconstitucionais, tolerada pelo Judiciário.

É interessante apontar no período pré-88 o caso mais destacado, já indicado anteriormente – a doutrina e a jurisprudência construtivas do Supremo Tribunal Federal, durante a República Velha –, estendendo o alcance do *habeas corpus* a toda e qualquer ilegalidade ou abuso de poder, campo de situações que passou a ser atendido pelo Mandado de Segurança, instituído na Constituição a partir de 1934. Quanto à edição de normas, pelo Executivo e pelo Legislativo, podem-se referir normas regimentais parlamentares *praeter constitutionem*, entre outras.[110]

4.1.2. O processo constituinte 1987/8

A Constituição de 1988 resulta de um "pacto pelo alto",[111] sendo precedida de uma forma especial de transição, sem ruptura real com a ordem jurídica. Isso explica, em parte, o caráter compromissório da Constituição, apesar da falta de definição ideológico/partidária no Congresso Constituinte.

As negociações deram-se muito mais pelas pressões pragmáticas de *lobbies*, sindicatos e outras representações, do que pela luta de idéias político-ideológicas de longo prazo, através dos partidos políticos. Assim, a

---

[109] Op. cit, p. 58.

[110] Como hipótese de mutação por inércia, também merece referência, para reflexão, a tolerância que se verificou, no período pós-88, para com a prática de não votar o orçamento da República durante o ano anterior, invadindo o ano seguinte. Ou então, regras regimentais, como as que estabelecem um interstício de sessões entre a primeira e a segunda votação das Emendas à Constituição. O fato de esse período ser estabelecido por norma regimental enseja, potencialmente, que, por norma regimental, seja dilatado, o que poderia caracterizar mais nitidamente um processo de mutação.

[111] A expressão "pacto pelo alto" é uma expressão corrente na teoria política, para identificar a situação de transição política, concertada "pelos de cima", detentores de poder econômico, político, social, afastando a inclusão dos atores das classes subalternas. Na linguagem popular: vão-se os anéis, mas ficam os dedos.

Constituição é resultado de um compromisso assumido dentro desses parâmetros, expressando tendências contraditórias, mas com alto grau de imediatismo.

Aos "progressistas" mais se deve a inclusão de normas principiológicas dirigentes,[112] especialmente manifestadas no art. 3º da Constituição, impondo como dever do Estado buscar erradicar a pobreza, reduzir as desiguladades sociais e regionais, etc.

O caráter dirigente da Constituição resulta, em certa medida, da influência do novo constitucionalismo português e espanhol. A "transição pelo alto" marcou-se por um acentuado desconhecimento ou alheiamento da população em relação ao processo constituinte, como demonstravam as pesquisas então realizadas. Tal fato vai contribuir para marcar a mudança constitucional posterior, pois à população chegavam distantemente, muitas vezes, os ecos das decisões fundamentais; ou, nem chegavam. Sendo *compromissória* e dirigente, requeria interpretação progressista e normas complementares, o que não se deu boa parte das vezes.

O Poder Constituinte formal expressou-se por uma "Assembléia Congressual" definida pela Emenda nº 26 à Constituição de 1967.[113] É de observar que houve decisão, pela Constituinte, atribuindo voz e voto aos Senadores que não tinham sido eleitos com prévios poderes – um terço da representação.[114]

A idéia de Direito mais consensualizada no poder constituinte material era a restauração/renovação das liberdades públicas democráticas, embora, por certo,

---

[112] A teoria da Constituição dirigente, hoje com menos destaque, ganhou projeção com o trabalho de juristas portugueses, no pós-1974, especialmente Joaquim Canotilho.

[113] O conteúdo e a forma do ato convocatório constituinte, como parte do poder constituinte material, restritivo, contribuiu para estreitar os horizontes do poder constituinte formal. Isso sem considerar os elementos psicológicos, decorrentes do chamado "receio de retrocesso" (o fantasma militar a pressionar e a conter propostas mais radicais.

[114] Interessante perceber que essa decisão representa - ainda que atipicamente – um processo de mutação, por ato legislativo, relativamente às disposições constituintes.

houvesse fortes pressões por reformas sociais e por avanços nos campos dos direitos difusos.[115]

O processo constituinte foi duramente criticado. O professor Leonidas Xauza[116] assim se referia à Constituinte:

> "Trata-se de um jogo de cartas marcadas onde à usurpação se junta a fraude política. O que se pretende é a inversão total, lógica, jurídica, política e moral de princípios tradicionais que informam a doutrina e a história constitucionais. É a subversão. O resultado é transparente: além de assegurar os interesses da atual classe política, o de que se trata, por parte dos segmentos conservadores, é de manter os privilégios existentes, impedindo que uma constituinte tida por excessivamente 'ideológica', eventualmente, faça emergir e traduza a nova Carta os conflitos e contradições da sociedade brasileira. Teme-se a mudança, em suma".

O processo formal constituinte também foi criticado. O projeto da Comissão Afonso Arinos, a Comissão dos Notáveis, acusada de elitista, foi rejeitado - por ser parlamentarista, segundo se comentava - pelo Presidente da República. Uma vez instalada a Constituinte, a estratégia de trabalho também sofreu duras críticas.

Farias[117] refere:

> "Ao evitarem partir de um texto básico como o da Comissão Arinos ou o que poderia ter sido escrito por uma grande Comissão Constitucional e ao trabalharem sem um diagnóstico das crises econômicas, social e política em condições de sustentar e balizar suas estratégias de negociação, os constituintes acabaram agindo em conformidade com as

---

[115] A falta de ruptura e a ocorrência de uma transição tendem a obscurecer e esmaecer a silhueta do poder constituinte material.
[116] Poder Constituinte ou Poder Constituído, in *A Constituinte Questionada*, 1986, p. 18.
[117] *O Brasil Pós-Constituinte*, op. cit., p. 18.

pressões contraditórias dos lobbies, das corporações e dos movimentos organizados. Essa é a razão pela qual os constituintes, apesar de terem fortalecido o Estado, aumentando seus serviços, alargando sua burocracia, multiplicando seus instrumentos e cobrindo amplos domínios de vida social com uma espessa malha regulamentar, não conseguiram evitar nem o risco de fragmentação conceitual e ideológica da nova Carta nem a ilusão de que, a partir dela, a justiça social poderia ser assegurada pela simples produção de novas leis e novos códigos. Resultante de impasses de todo o tipo, negociações intrincadas, filtragens sucessivas e coalizões precárias no decorrer de dezenove meses, o projeto aprovado pela Assembléia Constituinte peca por sua falta de unidade lógico-formal, pela ausência de fios condutores entre suas normas, incisos e parágrafos, pela carência de um espírito balizador entre seus capítulos, pela existência de identidade e ideologia próprias, pela profusão de casuísmos, arcaísmos e corporativismos ao lado de medidas inovadoras, modernas e democráticas, pela confusão entre temas materialmente constitucionais e temas formalmente constitucionais e pela conjugação desarticulada entre propostas de caráter estrutural e medidas de natureza meramente conjuntural."

Também é de ser mencionado que no processo constituinte houve uma quebra importante das regras. No dia 10 de novembro (por coincidência...) um grupo de parlamentares – conhecido depois como "centrão"[118] – propõe uma reforma do regimento interno – não prevista – permitindo a apresentação de novas emendas ao projeto da Comissão de Sistematização, que passara a

---

[118] Não cabe neste espaço analisar detidamente os meios pelos quais se construiu uma maioria centrista conservadora na Constituinte. Mas é justo referir pelo menos um dos elementos importantes: o Plano Cruzado, congelando preços, no ano de 1986 – o das eleições – abandonado no ano seguinte.

ser combatida, por "esquerdista". Tais emendas, segundo o Regimento, não mais poderiam ser apresentadas.[119]

4.2. Mudança na Constituição de 1988

4.2.1. Considerações preliminares

A Constituição de 1988 sofreu mudanças por meios "informais" e "formais". Estes últimos estão no cerne do exame que se desenvolve. Os meios informais, no entanto, podem ser vistos dialeticamente, em relação a estes.

Quando existe um processo muito acelerado e com muita freqüência de reforma constitucional, a tendência é haver um processo mais lento, menos importante de mutação, como refere Pedro de la Vega.[120] O processo de reforma – ao menos nos casos como o do Brasil – vem acompanhado, em geral, de uma dilatação do texto, muitas vezes suprindo as lacunas – aparentes ou reais – que poderiam ser completadas por meio de um processo de mutação, ou, por outro lado, incorporando processo de mutação ao texto. Por exemplo, a Emenda de Revisão nº 6, de 7/6/1994, introduziu o § 4º no artigo 55 da Constituição, tornando sem efeito a renúncia de parlamentar submetido a processo que vise ou possa levar à perda do mandato. Tal disposição tinha sido precedida de julgamento no Supremo Tribunal Federal, que negou provimento a mandado de segurança do Presidente Fernando Collor de Mello, que o impetrara a fim de anular ato do Senado que não conhecera de sua renúncia, momentos antes da decisão do processo de *impeachment*.

Outro caso a referir é a transladação da prática jurisprudencial do Supremo Tribunal Federal para a Lei Ordinária 9.868, de 10/11/1999, materialmente constitucional, dispondo acerca de efeitos de declaração de

---

[119] Celso Bastos, op. cit., faz enfática defesa do expediente utilizado, chamando-o de "revolução democratizante", p. 95.
[120] Op. cit.

inconstitucionalidade sem redução do texto, ou da interpretação conforme a Constituição.

4.2.2. Mudança por mutação

Sobre a mutação constitucional no Brasil pós-88 – por meios de atos normativos e infraconstitucionais – já se referiu caso importante, apontado pelo professor Hartz:[121] a reedição das medidas provisórias pelo Presidente da República. Esse procedimento provocou uma avalancha de protestos, e foi contido – mas não eliminado – pelo disposto na Emenda Constitucional nº 32, de 11.09.2001.

Devem-se mencionar os usos e costumes parlamentares, de apoiamento a projetos, no sentido de permitir o seu trâmite, mencionado por Anna Candida.[122] Hartz[123] também refere, como já se anotou antes, a regra permissiva do ato de posse do Vice-Presidente da República, perante o Congresso Nacional, não prevista no texto (os casos de Rodrigues Alves/Delfim Moreira e Tancredo Neves/José Sarney).

José Afonso da Silva[124] refere também o "voto de liderança", decorrente do esvaziamento do Congresso no regime militar. Sem número para votar – os parlamentares estavam fora, intermediando recursos regionais – os líderes de bancada votavam como se as bancadas tivessem decidido. Tal prática ia de encontro à regra constitucional, que previa que as deliberações seriam adotadas por maioria de votos, presente a maioria absoluta. Aponta também, pós-88, a prática de bancadas corporativas – evangélica, ruralista etc., contrastando com o princípio da representação popular e partidária.

Outras práticas suscitaram, antes e depois de 1988, uma jurisprudência cambiante no Supremo Tribunal

---
[121] Op. cit.
[122] Op. cit.
[123] Op. cit.
[124] *Poder Constituinte e Poder Popular*, 2000, p. 296.

Federal. O Presidente da República, algumas vezes, sancionava projetos nascidos no Congresso com vício de iniciativa. Essa prática era, à primeira vista, inconstitucional. No entanto, firmou-se, em dado momento, a jurisprudência, traduzida na Súmula nº 5: "A sanção do projeto supre a falta de iniciativa do Poder Executivo". Tal Súmula veio a ser revogada, tendo em conta, entre outros elementos, o avanço no mecanismo de controle da constitucionalidade.[125]

Por último, é de mencionar a jurisprudência brasileira, como elemento de mutação constitucional. Nesse sentido, o Supremo Tribunal Federal, por adesão à orientação alemã, avançou muito e, em algum sentido, positivamente.

Já antes de 1988, o Supremo Tribunal Federal fazia construção: por exemplo, em favor na proteção da mulher, no direito de família, e na esfera metafamiliar nos casos de união estável, entre outras situações.

Em alusão ao avanço registrado no Supremo Tribunal Federal, impõe-se referir a interpretação conforme a Constituição.[126] Segundo Barroso,[127] esta pode operar-se a partir de uma condição: a existência de mais uma interpretação plausível do texto de norma infraconstitucional, adotando-se uma que seja compatível com a Constituição. Também, segundo o autor, é necessário

---

[125] Veja-se entre outros, o acórdão do Supremo Tribunal Federal publicado na RTJ nº 127, à página 811.
As Súmulas, elas mesmas, nascem de atos normativos de natureza regimental, em proposta do Ministro Vitor Nunes Leal, no Supremo Tribunal Federal, em 1963, e somente com a edição do Código de Processo Civil em vigor, de 1973, passam ao nível de lei ordinária. Aqui temos exemplo de mutação por norma interna de um dos poderes, o Judiciário. As dúvidas sobre a constitucionalidade das Súmulas, mesmo tão-somente com efeito *interna corporis*, nunca foram de todo afastadas. Sobre o tema, ver *Súmulas no Direito Brasileiro. Eficácia, Poder e Função: a ilegitimidade constitucional do efeito vinculante*, Lenio Streck, 1998.
[126] Aqui temos o exemplo da correlação entre as formas de mudança formal e informal, a "solução" de um problema. A Lei 9.868, de 10/11/1999 reconheceu expressamente o método de interpretação conforme a Constituição e a declaração parcial de inconstitucionalidade sem redução do texto, com efeito vinculante (art. 28, parágrafo único).
[127] *Interpretação e Aplicação da Constituição*, 1996, p. 147,175.

buscar uma interpretação que não seja a que decorre da leitura mais óbvia de dispositivo, excluindo-se expressamente outras.[128] Além disso, o Supremo Tribunal Federal faz declaração parcial de nulidade de norma, sem redução do texto. Um dos exemplos de prática freqüente é referida por Gilmar Ferreira Mendes,[129] relativamente à cobrança de tributos sem a observância do princípio de anterioridade. Nesses casos, o Supremo Tribunal não modifica o texto, isto é, declara que, durante o ano em curso, não tem eficácia a norma, mas que, no exercício seguinte, será eficaz a norma impugnada, em respeito ao art. 150, III, *b*, da Constituição Federal, obedecendo, entre outros princípios tradicionais, ao da economia processual.[130]

Qual a mutação nesses casos? Ocorre que o Judiciário diz aquilo que a Constituição não diz, nem se sabe, de antemão, se o Judiciário é autorizado a dizer, em termos de controle de constitucionalidade, e, portanto, de controle de poder pelo poder. Neste caso, parece que a jurisprudência opera mudança na Constituição, modificando a doutrina e a prática dos tribunais, que, até então, se limitavam a pronunciar ou não, mais restritamente, a inconstitucionalidade, em geral com efeito *ex tunc*.[131]

Bulos[132] traz à colação alguns acórdãos, outras situações de construção pelo Supremo Tribunal Federal. Um deles diz respeito ao inciso XI do art. 5º da Consti-

---

[128] O autor aponta a Representação nº 1417-7, julgamento de 9/12/1987 – portanto anterior à atual Constituição – como um precedente, em que era o relator o Ministro Moreira Alves.
[129] *Jurisdição Constitucional*, 1996, p. 265.
[130] O autor refere o Recurso Extraordinário 63.318, e os de número 97.816, 100.317, e a ADIn 319-4, já após 1988, em 1993. Pode-se também mencionar o *leading case*, a ADIn 939, que declarou inconstitucionalidade da Emenda Constitucional nº 3, parcialmente, inclusive sem redução do texto.
[131] De dizer que as já referidas Leis 9.868 e 9.882, de 1999, produziram importantíssima modificação, autorizando expressamente o Supremo Tribunal Federal a diferir no tempo os efeitos da declaração de inconstitucionalidade, para trás ou para frente, face à relevância ou segurança jurídica. Grave controvérsia se estabeleceu em torno disso.
[132] Op. cit.

tuição Federal, que considera a casa asilo inviolável. Por extensão, o Supremo enquadrou, sob certas condições, o escritório de advogado e o consultório médico, por exemplo, dando ao vocábulo *"casa"* um sentido que literalmente não tem.

4.3. *A reforma constitucional*

Para além de toda celeuma entre revisão e reforma, adotamos, por mais abrangente, a segunda expressão, designando toda a alteração do texto.

Na vigência da Constituição de 1988, revisão passou a significar um modo particular de alteração, previsto no Ato das Disposições Transitórias e, portanto, excepcional.

A reforma, enquanto alteração do texto, num sistema de constituição rígida, é o principal e mais decisivo meio de mudança. Como se referiu anteriormente, centraliza todos os meios de mudança parcial, articulando os demais elementos polares de estabilidade e mudança constitucional. Além disso, a democracia e a soberania popular sofrem menos, apesar de tudo, quando a reforma – mais visível e transparente – é o centro de referência da mudança. A mutação é, em tese, menos controlável pelos mais interessados: a população desinformada.

No Brasil, até novembro de 2001, a Constituição de 1988 sofreu nada menos do que trinta e duas emendas, e mais seis, do processo de revisão extraordinário.[133]

Isso põe em causa, justamente, uma questão central: a função e a eficácia dos limites ao "poder de reforma". Se é importante apontar a existência de limites ou denunciar sua ultrapassagem, não menos importante é verificar e indagar o porquê dessa corrosão, e da violação dos limites, explícitos e implícitos ao poder de reforma.

---

[133] José Sarney, Presidente da República, logo após a promulgação, declarou ser ingovernável o País com tal Constituição, lançando, assim, praticamente, o movimento reformista principiológico, e não efetivamente adaptador.

4.3.1 Revisão

Formalmente, havia, no início, dois caminhos abertos: o da revisão,[134] prevista no art. 2º do Ato das Disposições Constitucionais Transitórias, e o procedimento previsto no artigo 60 das disposições permanentes, caracterizador de uma constituição rígida. As emendas de revisão, promulgadas com numeração própria, editam-se entre 14/9/1993 e 7/6/1994, no total de seis, que tiveram, em geral, pouca repercussão política e institucional. Em verdade, foi um movimento malogrado.[135] Quais seriam os limites dessa revisão? Teria ela limites? Apesar de certa polêmica, os juristas inclinaram-se, ao que parece, em sua maioria, pela tese da limitação. Paulo Bonavides[136] insistiu muito em que aquela somente poderia ocorrer se a resposta plebiscitária fosse favorável à monarquia e/ou ao parlamentarismo. Textualmente: "A revisão só existe, pois, no art. 3º daquele Ato. De modo que sua eventual aplicação se exaure com o preenchimento da finalidade contida no artigo antecedente, ou seja, o art. 2º, a que inarredavelmente se vincula". O plebiscito referido, originariamente previsto para 7 de setembro de 1993, foi realizado antecipadamente, em 21 de abril do mesmo ano, por disposição da Emenda nº 2, de 25/8/92. A resposta foi pela república e pelo presidencialismo, por larga margem. Edvaldo Brito,[137] trabalhando a linguagem como entidade epistemológica, chega a conclusão análoga. O brilho justifica a longa reprodução:

---
[134] A ser feita unicamente por maioria absoluta.
[135] 1994 era eleitoral. O ano de 1993, previsto originalmente, no ato das disposições transitórias, fora tomado pelo "escândalo do Orçamento", do qual resultou a indicação de dezoito parlamentares para cassação. O governo Itamar estava mais ocupado – como se constatou – em preparar um plano econômico – o Plano Real – para ser lançado naquele ano. Conforme "Revisão Constitucional: linhas para debate da teoria econômica da constituição", in *Estudos Jurídicos*, vol. 27, nº 71, set/dez 1994, São Leopoldo, por Marcus Vinicius Antunes.
[136] Op. cit., p. 186.
[137] Op. cit., p. 115.

"É essa linha conciliatória que permite, sem *logicismo*, identificar e demonstrar o enlace lógico entre os arts. 2º e 3º do ATO. Veja-se: a *parte dogmática* regra a reforma constitucional, mediante *emenda*. Na norma de competência esculpida no art. 60, apenas restringe o alcance das *cláusulas pétreas*; portanto, tudo o mais pode ser reformado na Constituição *Jurídica*, pela via da *emenda*. Depois, no ATO, estabelece uma outra norma de *competência*, para um outro tipo de reforma, que a *pragmática* da *comunicação normativa constitucional* caracterizou: a revisão que é uma reforma, também, ampla no sentido de que está aberta a uma adaptação de conjunto em certas circunstâncias. Examinadas essas premissas, uma de duas: ou o constituinte emitiu duas normas de *competência* com identidade, ou são diversas. A lógica, em um de seus princípios básicos (v. supra. p. 15), afirma que um objeto é sempre idêntico a si mesmo, porque é impossível a contradição que consistiria em se admitir que um objeto, ao mesmo tempo, fosse e não fosse igual a si mesmo. Para verificar essa identidade quando duas situações apresentam-se, basta examinar os elementos componentes das duas; se em ambas eles forem *totalmente* iguais (princípio da *completude* ou da *totalidade*), elas o serão e, então, tratar-se-á de um único ou mesmo objeto e não de dois.

Esse princípio, (como outros, também, básicos) é epistemológico de todos os campos do conhecimento humano cujo tratamento impõe rigor (Física, Química, etc.). O rigor não é do objeto do conhecimento, mas sim do tratamento ou do estudo dele (metodologia). Ora, no caso, a norma do art. 60 da parte dogmática, não tem os mesmos elementos daquela do art. 3º do ATO, logo não são um mesmo objeto. Diversos, como o são, exigem do estudioso identificar a diversidade. Ei-la: pela *emenda, a autoridade* indicada na norma de *competência* do art. 60

da *parte dogmática* tem *atribuições* para reformar qualquer matéria da Constituição *jurídica*, salvo as *cláusulas pétreas*, pela *revisão*, a autoridade indicada na norma de competência do art. 3º do ATO não poderia receber as mesmas *atribuições*, senão seriam normas *idênticas* e, por isso, seria superfetação. Recebeu, sim, *atribuições* diversas. Contudo, como tais *atribuições*, examinado o repertório completo das circunstâncias de trabalho, não poderiam ser amplas no sentido de destruir a Constituição *jurídica*, de atingir *cláusulas pétreas* resultantes do *pacto* instituidor do *Estado Democrático de Direito* que se sucede ao *autoritarismo*, então, a lógica é ancilar, como entidade epistemológica jurídica, para disciplinar o pensamento do jurista no sentido de que somente uma circunstância específica legítima o art. 3º do ATO, é a que está descrita no art. 2º, porque fora dessa circunstância, esse art. 3º operará os efeitos do art. 60 da *parte dogmática* e seria despiciendo. Há em conclusão, um enlace lógico entre os arts. 2º e 3º do ATO não porque um venha antes do outro, mas porque a disciplina do pensamento jurídico constata-o".[138]

[138] A bem da verdade, o unicameralismo e o *quorum* reduzido para maioria absoluta indicam, na Revisão, o intento de facilitá-lo, presente na ação do constituinte, denotando uma certa ambivalência acerca do produto de seu trabalho.
Lenio Streck, *Constituição: Limites e Perspectivas da Revisão*, 1993, p. 49, 50, por sua vez, conclui:
"c) o atual Congresso Nacional não tem legitimidade para promover uma revisão ou reforma ampla/ilimitada da atual Constituição por não estar autorizado para tal, uma vez que não possui o requisito do poder constituinte originário.
...
f) A Constituição de 1988 traçou limites explícitos ao poder de reforma ou de revisão, através dos incisos I a IV do artigo 60, que não podem ser desobedecidos. Ao lado destas, existem as limitações implícitas ao poder de reforma ou revisão. As alterações não podem atingir as conexões de sentido, ou seja, a relação de pertinência existente na Constituição . As vedações implícitas dizem respeito ao núcleo político da Constituição. A própria Constituição de 1988 admite essa 'relação de pertinência', ao colocar no artigo 5º, § 2º, inc. LXXVII, que 'os direitos e garantias expressos nesta Constituição não excluem outros decorrentes do regime e dos princípios por ela adotados'."

4.3.2. Reforma segundo as disposições permanentes: problema dos limites

4.3.2.1. Limites expressos na Constituição brasileira.

A conclusão do professor Brito, além de brilhante, parece irrefutável.[139] A revisão, provisória no caso brasileiro, esgotou-se, sobrando apenas o caminho das disposições do art. 60 da Constituição Federal.

A modificação hoje possível somente pode ocorrer mediante condições de procedimento que muitos autores apontam como *limites formais* ou *processuais*, por implicarem exigências extraordinárias.

O procedimento do art. 60 da Constituição prevê um processo, com iniciativa, discussão e deliberação, que caracteriza uma constituição rígida, como são virtualmente todas as constituições contemporâneas, a fim de dar estabilidade às regras atinentes ao Estado. O poder de iniciativa (art. 60) é mais restrito do que aquele conferido às leis ordinárias (art. 61). As discussões e votações são feitas em dois turnos, por exceção, já que a regra é fazer-se apenas em um. O *quorum* de aprovação é de três quintos, quando a regra geral é oferecida pelo art. 47 – a chamada maioria simples (para as leis complementares, maioria absoluta).[140]

As emendas são promulgadas pelo Congresso, sem possibilidade de sanção ou veto, simbolizando um poder constituinte, embora limitado, do Congresso Nacional. Além disso, as emendas são publicadas com número de ordem, conforme previsão constitucional.[141]

---

[139] Não obstante, procedeu-se à mudança por revisão, conforme o art. 3º do ADCT, contrariamente à linha de raciocínio desenvolvida. Provavelmente, só não foi mais adiante por existirem condições conjunturais desfavoráveis.
[140] Nada obstante tal limite formal, a Constituição brasileira muda muito e rapidamente. Neste particular, mais uma vez, a explicação "lassaleana" tem lugar, ou seja, os "fatores reais de poder" podem mais que os "fatores formais", puramente jurídicos.
[141] Interessante observar que a Lei Complementar nº 95, de 26/2/1998 converteu em norma escrita o que parecia ser caso de prática ou costume constitucional (informado pela doutrina): a previsão de indicação expressa dos

A Constituição prevê também *limites circunstanciais*, isto é, durante o período de estado de sítio, estado de defesa e intervenção da União nos Estados Federados a Constituição não pode ser alterada, ou seja, o Congresso não pode deliberar sobre qualquer projeto de Emenda à Constituição. O sentido histórico de tal limite – nascido na Revolução Francesa, a fim de evitar a restauração do *"ancien régime"* – é evitar que os representantes do povo cedam à pressão decorrente dos poderes extraordinários que o Executivo detém, e que, potencialmente, pode exercer, no sentido de viciar a vontade do Legislativo, ou do corpo de reforma constituinte. No Brasil, provavelmente em decorrência do modelo federativo, a intervenção e o estado de sítio eram declarados com relativa freqüência, na República Velha. Após esse período, especialmente após 1946, tornaram-se muito raras tais situações, porque ocorreu um processo de centralização que, em parte, também, justifica a mudança de procedimento.

O art. 60 da Constituição em vigor ainda prevê vedações do poder de revisão em certas matérias – *limites materiais*, cláusulas pétreas, ou outras designações. Tais limites correspondem a uma avaliação do poder constituinte formal, isto é, dos representantes do povo em torno de valores considerados mais elevados. Neste sentido - no plano teórico, ao menos – pode-se entrever uma hierarquia nas normas constitucionais, o que é razoável. Oscar Vieira[142] propõe pensar uma teoria das

---

dispositivos afetados pela mudança. Isso tem por objetivo evitar os problemas do que alguns designam "mudanças tácitas", ou "mudanças materiais", como, de alguma forma, ocorre nos Estados Unidos da América. A eficácia de tal procedimento – por mudança tácita – é igual a de outros procedimentos. No entanto, a doutrina em geral, especialmente a alemã – Loewestein, Laband e outros – insiste nos riscos de confusão e perplexidade que implica a não-indicação do texto a revogar, tendo em conta especialmente o período da República de Weimar.

[142] *A Constituição e sua reserva de justiça (um ensaio sobre os limites materiais ao poder de reforma)*, 1999, p. 134.

"cláusulas superconstitucionais",[143] baseando-se na teoria política de Häbermas e Rawls.[144]

A Constituição de 1988 avançou nesse terreno – ao menos quantitativamente: apesar de, literalmente, suprimir, como cláusula pétrea, a forma republicana, já tradicional, acrescentou, à forma federativa, o voto direto, secreto, universal e periódico, a separação dos poderes, e os direitos e garantias individuais. E no *caput* mantém a expressão já consagrada de proibir a deliberação sobre emendas tendentes a abolir tais princípios.[145]

Nesse terreno, o debate se acende, por múltiplos fundamentos, envolvendo a concepção sobre a Constituição e a interpretação.

Costa e Silva[146] refere que, até a Constituição de 1988, uma única vez o Supremo Tribunal Federal havia decidido a respeito dos limites materiais.[147] Posteriormente, no entanto, até o ano 2000, dezesseis ADIns, uma ação declaratória de constitucionalidade e dois mandados de segurança foram apreciados pelo STF, incluindo a apreciação de inconstitucionalidade de Emenda à Constituição.[148] Tal fato já oferece uma dimensão do problema.

---

[143] "... um conjunto de princípios e normas constitucionais hierarquicamente superiores aos demais dispositivos da Constituição. Superconstitucionalidade e não supraconstitucionalidade, pois, embora superiores, esses dispositivos ainda se encontram dentro da órbita da Constituição: direito positivo, e não transcendente". Segundo a doutrina prevalente, não há, no entanto, meio de declarar inconstitucional norma originariamente escrita no texto, por ato do poder constituinte originário.

[144] Interessante é observar que os limites materiais, literalmente considerados, cobrem apenas os princípios liberais, os direitos de "primeira geração", deixando de fora os demais.

[145] Pontes de Miranda, op. cit., previa e recomendava a expansão das cláusulas pétreas. Ao amadurecer a civilização, tornar-se-iam desnecessárias.

[146] Op. cit.

[147] Isso ocorreu em 1980 ao denegar o mandado de segurança nº 20.257, impetrado pelos senadores Itamar Franco e Antônio Canale contra as propostas de emenda à Constituição de nºs 51/80 e 52/80.

[148] Alexandre de Morais, *Curso de Direito Constitucional*, 2001, refere as ADIns 829/DF; 939-7/DF; 1730-10; 1805/DF e outras. O Supremo já reconheceu tais inconstitucionalidades: veja-se o caso da Emenda 3 de 93 – IPMF. Oscar Vilhena Vieira, 1999, faz minuciosa análise da jurisprudência coletada sobre a matéria, em matéria tributária e de direito e garantias individuais.

Quanto à forma federativa do Estado, o problema merece alguma reflexão. A Federação, embora conceitualmente identificável, comporta graus e espécies. O Supremo Tribunal Federal, na ADIn 939/DF, enfrentou a questão relativamente à Emenda nº 3, que, ao autorizar, no art. 2º, a instituição do IPMF, violava, entre outros princípios, o da imunidade recíproca, que "é a garantia da Federação" (R.T.J – 151, p. 755/6). Não é preciso que seja abolida, literalmente para haver ofensa: basta a iniciativa *tendente* a abolir a federação, hipótese que implica exame caso a caso.[149]

O Supremo Tribunal, no entanto, manifesta-se com compreensível cautela nesse terreno.

Quanto ao voto direto, secreto, universal e periódico, previsto no inciso II no art. 60, corresponde, como princípio, ao Estado de Direito Liberal, na origem. Apóia-se no princípio da soberania popular, de democracia e da representação.[150]

A separação dos Poderes, prevista no inciso III, como cláusula pétrea, prende a si o princípio do presidencialismo. É princípio muito consensualizado na cultura jurídica. O presidencialismo goza, nas oportunidades concedidas, de forte respaldo, mas poderia ser suprimido, sem ofensa à separação, desde que por plebiscito ou referendo, face à anterior consulta popular de 1933.[151]

O Supremo Tribunal Federal não reconhece inconstitucionalidade de normas originárias. É o caso da ADIn 815-3, proposta pelo governador do Estado do Rio Grande do Sul, julgada em 1996.

[149] Em nosso juízo, a Emenda n° 20, ao transpor os servidores estaduais ocupantes exclusivamente de cargo em comissão para o regime geral da previdência social, violou princípio federativo da auto organização dos Estados.

[150] Um ponto interessante a ferir, a propósito, diz respeito aos limites implícitos: parece lógico inferir que o plebiscito, o referendo e a iniciativa popular de projetos de lei não possam ser objeto de proposta supressiva, ou tendente a eliminá-los. Está na própria doutrina dos poderes implícitos: "quem pode mais pode menos" – quem pode nomear representantes para decidir, pode decidir sem representantes.

[151] A forma republicana e o sistema presidencialista, desde logo, constituem uma peculiar questão, no caso brasileiro. Aderimos à tese de que o presidencialismo e a república não podem ser postos em xeque por meio de Emenda à Constituição, em virtude da vontade já manifestada em plebiscito. Porém,

O princípio da separação de poderes implica não só o impedimento da confusão, como no regime de assembléia. Implica, também, impedir o esvaziamento de um, ou de dois deles, em favor de um ou dois dos outros. Portanto, não se resume ao "sistema de governo", até porque o Judiciário está contido no sistema. Como é intuitivo – por dizer mais diretamente respeito a cada cidadão – a cláusula mais controvertida é a prevista no inciso IV – *os direitos e garantias individuais*. Isolada e literalmente pensado, o dispositivo não apresentaria maiores controvérsias. Não é, porém, possível praticar tal procedimento hermenêutico de isolamento. Os direitos e garantias individuais, de um modo geral, pertencem à "primeira geração de direitos" ou, como refere Sarlet,[152] "direitos de defesa", implicando abstenção por parte do Estado e impondo-lhe limite diante da esfera de atuação das pessoas – indivíduos, associações e sociedades. São direitos liberais, em sua origem.

Pouca dúvida há de que o disposto no art. 5º da Constituição Federal é insuscetível de supressão ou restrição por emenda. A perguntar-se, porém, se o elenco pode ser aumentado, ou se se pode dar extensão aos preceitos, por Emenda.

outra questão é saber se é possível pleitear a monarquia ou o parlamentarismo mediante consulta à população. Parece difícil aceitar resposta negativa. Porém, impõe-se uma consideração. Mediante plebiscito ou referendo? Ou seja, a consulta deverá ser feita anterior ou posteriormente à redação da norma, nos termos da Lei 9.709/98? Inclinamo-nos pela hipótese do plebiscito, menos capaz de estimular o espírito conformista de população. De resto, do ponto de vista jurídico, não se põem problemas muito complexos sobre a forma republicana nem sobre o presidencialimo. Porém, é de lembrar que, progressivamente, se foram aceitando, nos textos brasileiros, mecanismos que não são típicos desse sistema – ao menos no plano ideal, como o comparecimento dos Ministros de Estado ao Congresso, por convocação.
O Rio Grande do Sul, em 1947, promulgou uma Constituição Parlamentarista (art. 43, V). O Governador Walter Jobim representou ao Procurador-Geral da República, para interposição de Ação Direta. O Supremo Tribunal Federal, sendo Relator o Ministro Castro Nunes, julgou procedente a ação. João Mangabeira fez da Tribuna do STF enfática defesa da Constituição gaúcha parlamentarista. Tal decisão estabeleceu um precedente não contrastado até a atualidade.
[152] *A Eficácia dos Direitos Fundamentais*, 1998.

A resposta, sem dúvida, é positiva. Não fosse a expressa disposição do § 2º do art. 5º, uma interpretação sistemática e atualizadora permitiria tal resposta.

O problema situa-se em saber, neste passo, se os direitos sociais também são insusceptíveis de restrição ou supressão. As opiniões dividem-se. Neste caso, qualquer interpretação é ideológica. Resta saber qual a mais consistente e coerente.

É impossível negar um elemento individualizado na sua titularidade e na fruição dos direitos sociais. Sarlet,[153] argumentando nessa linha, é claro a respeito: "Os direitos e garantias individuais referidos no art. 60, § 4º, inc. IV da nossa Lei Fundamental, incluem, portanto, os direitos sociais e os direitos de nacionalidade e cidadania (direitos políticos)", baseando-se na idéia de que todos os direitos fundamentais inscritos na Constituição são, em última instância, direitos de titularidade individual, mesmo que muitos sejam de "expressão coletiva".

Costa e Silva[154] sustenta também a tese afirmativa. O autor remete-se, porém, aos limites implícitos para sustentar as limitações de emenda restritivas dos direitos sociais.[155] Para o autor, os direitos sociais são uma derivação, mediada pelo "princípio do primado do ato", dos direitos de liberdade.

4.3.2.2. Limites não expressos na Constituição brasileira

Justamente, o ponto seguinte que se coloca é a existência de outros limites materiais ao poder de reforma, que não aqueles expressamente previstos no art. 60, § 4º (p. 28). Desde logo, a partir de uma análise gramatical, lógica e semântica, é muito difícil imaginar que os

---

[153] Op. cit., p. 362.
[154] Op. cit.
[155] Tem tese oposta, entre outros, Gilmar Ferreira Mendes. À mesma tese positiva, também aderiu o Ministro Carlos Mário da Silva Velloso, em artigo intitulado "É possível a revisão da Constituição de 1988?" In *Dez Anos de Constituição, uma Análise*, 1998, p. 230.

Princípios Fundamentais e os Direitos Fundamentais possam ser restringidos ou eliminados, se se admite que o poder de reforma é limitado. Como suprimir ou restringir as disposições dos arts. 3º e 4º da Constituição? Sob que fundamento, sem que se derrube uma ou mais das pilastras do edifício constitucional? Como admitir que os princípios fundamentais inseridos no pórtico da Constituição – princípios político-jurídicos estruturantes e informativos de toda ordem constitucional – possam ser considerados inferiores, hierarquicamente, aos direitos fundamentais, a ponto de poderem ser alterados? A resposta parece evidentemente negativa, até porque não há um muro a separá-los, de forma ontológica. Não são poucos os juristas, inclusivamente, que partem de um núcleo hermenêutico localizado no art. 1º, inciso III – a dignidade da pessoa humana –, para estabelecer os limites máximos e mínimos da interpretação constitucional brasileira.

Os limites implícitos são deduzidos do todo das normas constitucionais positivadas. Mas vão além, podendo coincidir com os transcendentes. Estes, não expressos literalmente como tal, têm natureza marcadamente política, preponderantemente na formação do poder. Assim, a vedação da dupla revisão decorre da superioridade do poder constituinte originário, ou em outras palavras, da supremacia do poder popular, exercida em momento e ato especial, o que também veda, no mesmo procedimento, abolir ou restringir quaisquer outros limites, como o de *quorum* de deliberação. Tampouco é possível ao poder reformador dispor sobre o titular do poder constituinte originário.

O Direito Natural, incluído por muitos autores como limite transcendente – e até imanente – é, em verdade, uma cosmovisão jurídica e societária. Não aderindo a essa concepção, não o temos por limite jurídico, embora reconhecendo que pode funcionar como limite ideológico.

Quanto ao Direito Internacional, a questão é mais candente. Ninguém há de negar que a chamada "comunidade internacional" exerce influência e pressão sobre cada país. Tampouco é de se ignorar que o Brasil é signatário de declarações e tratados que protegem direitos humanos (coincidentes, basicamente, em conteúdo, com os direitos fundamentais). Por exemplo, da Carta da ONU, de 1945, em São Francisco (Decreto 19.841/1945), da Declaração dos Direitos do Homem, sob os auspícios da ONU, em 1948; da Convenção Americana de Direitos Humanos – Pacto de San José da Costa Rica, de 22/11/1969 (somente promulgada por decreto de 6/11/1992!).

Os tratados, no Brasil, aprovam-se por meio de procedimento interno complexo – previsto na Constituição e na legislação infraconstitucional. As normas de tratado somente são eficazes dentro do espaço nacional depois de aprovados pelo Congresso Nacional em decreto legislativo, como ratificação, com posterior envio ao Executivo, para promulgação por decreto, com ou sem reservas. Tudo isso sem considerar a polêmica acerca de possibilidade jurídica de o Congresso Nacional poder ou não emendar os tratados.[156]

A Constituição coloca os tratados em nível inferior ao das normas constitucionais, conforme o art. 102, III, b., contrariando a Convenção Panamericana de 1928, Havana, em sentido contrário.[157]

Ademais, a jurisprudência do Supremo Tribunal Federal atualmente coloca as normas de tratado no mesmo nível das normas de lei ordinária, podendo haver revogação parcial ou total, de acordo com os critérios de posteridade temporal. Esta doutrina ter-se-ia con-

---

[156] Celso Albuquerque Mello, *Direito Constitucional*, 2000, refere ainda outro grave problema: as operações financeiras (v.g. empréstimos a tomar) externas, feitas pelos Estados Federados, com organizações financeiras internacionais, como com o Banco Mundial, são feitas sob forma de tratados padronizados, sendo interpretados nos termos do direito do Estado de Nova Iorque.

[157] Sendo infraconstitucionais, poderiam, no entanto, ter nível superior ao de lei ordinária. No Projeto de Reforma do Judiciário haveria disposição nesse sentido.

solidado a partir do Recurso Extraordinário nº 80.004, decidido em 1978, contrariando a Convenção de Viena, segundo Albuquerque de Mello.[158] Isso não obstante a jurisprudência anterior, mais favorável a uma visão internacionalista e a existência de expressa disposição em favor do DIP no Código Tributário Nacional.

Porém, há um elemento de abertura, previsto no art. 5º, § 2º, estabelecendo que os direitos e garantias expressos na Constituição não excluem outros decorrentes do regime, dos princípios e dos tratados assinados no Brasil.[159]

Se, de um lado, existem evidentes aspectos positivos no reconhecimento de limites transcendentes à ordem jurídica positiva, interna ou externamente, por outro lado, existe grande risco – não raro efetivado – de graves distorções, no mundo "globalizado".[160]

4.3.3. Balanço da reforma

4.3.3.1. Mudança da Constituição e limites em debate

A reforma constitucional, de um modo geral, desfrutou do apoio de uma parcela importante de juristas. Manoel Gonçalves Ferreira Filho[161] escreve, em tom característico:

> "Não nego que, ao iniciar o estudo, não tinha a menor simpatia pela redação e pelo conteúdo da Constituição, cuja elaboração acompanhei bem de perto. Devo registrar, contudo, que, ao terminá-lo, faço do texto de 1988, o pior dos juízos. Se todo ele é mal redigido, se suas 'soluções' são inconvenien-

---

[158] Op. cit.
[159] Queria com isso a Constituição dar *status* constitucional aos direitos fundamentais incorporados desde fora?
[160] Há relativamente pouco tempo, a OTAN efetuou o bombardeamento "punitivo" da Sérvia de Milosevik, com maciço apoio do G8. Os estatutos da OTAN não têm previsão de atos desse tipo. Tal iniciativa, a ser adotada, poderia ter sido pela ONU. Nunca a OTAN cogitou, porém, de bombardear a África do Sul, enquanto país racista. Após o 11 de setembro, tal política ganhou novo alento.
[161] *Comentários à Constituição de 1988*, v. 4, Prefácio, 1995.

tes e levam à ingovernabilidade do País – como mostro no livro Constituição e governabilidade, também publicado pela Saraiva – a parte que comento neste último volume é vergonhosa. Parece ele, conforme aponta Roberto Pompeu de Toledo em artigo intitulado 'Um texto feito a seis mãos' (Veja, 3 dez. 1994, p. 170), haver sido elaborado em colaboração pelo conselheiro Acácio, mestre dos mestres do lugar-comum, por Macunaíma, que não resiste ao desejo de uma molecagem, e por um terceiro que chama de 'o velhinho de Pindamonhangaba', um crente fanático do caráter benfazejo do Estado. Este último, porém, com graduação, pós-graduação e pós pós graduação em ciências sociais, em universidade politicamente correta e – comme il faut – de inspiração marxista (acrescento eu).
Quem logo seja reformada, é o meu voto sincero."
(o texto é de 1995)

O Professor Miguel Reale,[162] com outro tom de palavras, propugnou pela reforma constitucional virtualmente ilimitada (em artigo publicado no Jornal O Estado de São Paulo, em 2/5/1998, com o título "Por uma Constituinte Revisora").

Celso Bastos,[163] embora favorável a reformas, expressa-se com muito mais moderação, reconhecendo a existência de limites materiais.

No pólo oposto, encontram-se juristas como Paulo Bonavides, Dalmo Dallari, Celso Antônio Bandeira de Mello. O primeiro[164] verbera contra a desconstitucionalização através de medidas provisórias sucessivas e reeditadas, e contra certas Emendas à Constituição, porque teriam ultrapassado os limites materiais. Carrion,[165] com o mesmo sentido crítico, anota:

---
[162] *Por uma Constituinte Revisora.*
[163] Op. cit.
[164] *Do país constitucional ao país neocolonial*, 1999, p. 24/25.
[165] Op. cit.

"Grande parte das propostas surgidas já durante o processo de revisão constitucional no ano passado procurava atingir o 'núcleo jurídico-político fundamental' da Constituição de 1988, isto é, seus parâmetros e princípios básicos, caracterizando-se na realidade como propostas de uma nova Constituição sob a aparência de reforma já existente. O resultado mais imediato poderia ser o de uma regressão histórica. Mais ainda, ao invés de conformar as políticas públicas à Constituição, procura-se, na ótica conservadora, adaptar a Constituição ao projeto neoliberal de alto custo para as classes trabalhadoras."

Seguimos Konrad Hesse neste terreno. O limite da mudança constitucional por reforma é o texto. Ignorar tal condição é aventura de conseqüências imprevisíveis, especialmente em um país carente de representação política. Algumas alterações, que se indicarão a seguir, tendem a abolir, e portanto, a ultrapassar as limitações, como é o caso das Emendas nºs 6 e 8, relativas ao princípio da soberania e à reserva do Estado na prestação de serviços públicos (comunicação, energia elétrica, e outros).

4.3.3.2. Conteúdo e significado da mudança em debate

Luís Roberto Barroso[166] está em posição intermediária, no balanço que faz dos dez anos da Constituição de 1988. Considera-a compromissória, analítica e dirigente. Para Barroso, a Constituição, em sua versão originária, timbrou-se

"pela densificação da intervenção do Estado na ordem econômica, em um mundo que caminhava na direção oposta, e por uma recaída nacionalista que impunha restrições ao ingresso de capital estrangeiro de risco, em domínios como o da mineração,

---

[166] Dez Anos de Constituição de 1988 (Foi bom pra você também?) in *Direito Público em Tempos de Crise*, 1999, p. 196.

telecomunicações, petróleo, gás, etc. No entanto, a Lei Maior possui suas virtudes e inovações criativas. Primeiramente no campo dos direitos fundamentais, inclusive os direitos difusos. Depois, a redução do desequilíbrio entre os Poderes. E ainda, o novo federalismo, aperfeiçoado."

Para o autor, as reformas "envolveram três transformações estruturais que se complementam mas não se confundem. Duas delas tiveram de ser precedidas de emendas à Constituição, ao passo que a terceira se fez mediante a edição de legislação infraconstitucional e a prática de atos administrativos". Segundo o autor, a primeira transformação substantiva foi de ordem econômica, extinguindo determinadas restrições ao capital estrangeiro. A Emenda 6, de 15/8/1995, suprimiu o art. 175 da Constituição, que definia a empresa brasileira de capital nacional e lhe atribuía vantagens. A mesma Emenda modificou a redação do art. 176, § 1º, para permitir que a pesquisa e lavra de recursos minerais e o aproveitamento dos potenciais de energia sejam concedidos ou autorizados a empresas constituídas sob leis brasileiras, dispensada a exigência de controle pelo capital nacional.[167] O art. 178, com nova redação, abriu a navegação de cabotagem às empresas estrangeiras.

A segunda linha de reformas foi a chamada *flexibilização dos monopólios estatais*. A Emenda 5, de 15/8/1995 permitiu a exploração de gás canalizado, por empresas privadas, mediante concessão pelos Estados Federados, o mesmo – e mais importante – quanto aos serviços de telecomunicações e de radiodifusão sonora de sons e imagens.

A terceira transformação econômica de relevo, segundo Luís Roberto Barroso (a denominada privatização), operou-se sem alteração do texto constitucional, com a edição da Lei 8.031, de 12/4/1990, que instituiu o

---

[167] O tradicional monopólio estatal do petróleo foi, na prática, extinto pela Emenda nº 9.

Programa Nacional de Desestatização modificada depois pela Lei 9.491, de 9/9/1997. Isso se deu por leilões e arremate do ativo estatal em bolsas de valores, tanto das empresas prestadoras de serviço público, *stricto sensu*, quanto das prestadoras de atividade econômica.

Assim, foram alienadas tradicionais empresas, como a Cia. Vale do Rio Doce, Companhia Siderúrgica Nacional, a Telebrás e tantas outras, com grandes controvérsias, inclusive centenas de ações judiciais, algumas promovidas por juristas de nomeada, como Fábio Comparato e Celso Antônio Bandeira de Mello.

No campo administrativo, a Emenda 19 foi extensa e de alguma profundidade, acabando com o regime jurídico único do funcionalismo, modificando o regime de aposentadoria e relativizando a estabilidade dos servidores. A Emenda 20 produziu alterações importantes na previdência social, estabelecendo idade mínima e, como base, o critério de contribuição, estimulando a penetração da previdência privada, inclusive estipulando um teto de contribuição de R$ 1.200,00 (de forma inédita, enquanto técnica de texto).

José Afonso da Silva[168] também fez um balanço da reforma constitucional. Nesse exame, critica a instituição da reeleição do Presidente da República; a criação da ação declaratória de constitucionalidade, por ofensiva ao princípio do contraditório, e em certo sentido, ao acesso à Justiça (Emenda 3, de 1993). Por outro lado, aplaude a Emenda de Revisão nº 6, anulando os efeitos de renúncia de parlamentar submetido a processo que possa culminar em cassação; a de nº 1, de 1992, que estabeleceu limites à fixação de remuneração de deputados estaduais e vereadores; a de nº 11, de 1996, permitindo às Universidades contratar professores, técnicos e cientistas estrangeiros; a de nº 14, de 1996, ordenando recursos para a educação; a de nº 15, de 1996, melhorando as disposições atinentes à criação, incorporação,

---

[168] Acertos e Desacertos das Reformas Constitucionais, in *Poder Constituinte e Poder Popular (estudos sobre a Constituição)*, 2000, p. 260 e ss.

fusão e desmembramento de municípios. Tem uma posição tolerante com as chamadas reformas administrativa e de previdência.

Para José Afonso, os dez anos de vigência da Constituição não a desmerecem. No terreno das liberdades políticas, a Constituição é eficaz, um êxito.[169] No terreno social, deixa, entretanto, a desejar. Apesar de não descer a uma análise mais aprofundada, afirma que

> "em lugar de se construírem as condições econômicas, sociais, culturais e políticas que assegurem a efetividade dos direitos humanos, num regime de justiça social, instaura-se um processo de reforma constitucional que está afastando a Constituição daquela concepção de Ulysses Guimarães de Constituição-cidadã para, com as vinte e seis emendas já aprovadas, algumas bastante amplas, transformá-la numa Constituição neoliberal.

13. Parece, nessa perspectiva, que os vencidos estão passando a vencedores. O 'centrão' recupera seu ideário constitucional e fá-lo prevalecer nas reformas em andamento. Fernando Henrique Cardoso vinga-se da derrota sofrida para relator da constituinte, e se transforma no relator da deformação da obra do poder constituinte originário. Não se trata mais de uma geração mudar a obra da geração precedente, simplesmente porque não houve sucessão de gerações. É a mesma geração a assistir ao desfazimento de pontos essenciais da obra plasmada por seu poder constituinte. Investem-se na qualidade de intérpretes do povo. Usurpam-se os poderes populares, em nome dos quais se ataca a Constituição. Servem-se de fórmulas jurídicas – o processo de reforma constitucional – para se perpetuar ataques

---

[169] Op. cit., p. 268,269.
Barroso, *Dez Anos de Constituição*, op. cit., p. 212, expressa-se assim: "Poderes limitados (dentro, naturalmente, da tradição presidencial-imperial brasileira), direitos individuais respeitados e absorção institucional das crises políticas. Do ponto de vista político-institucional, a Constituição de 1988 foi um retumbante sucesso."

políticos à Constituição, atingindo-a em pontos essenciais.

14. Ora, se é certo que as Constituições não podem ter-se como eternas, também há de reconhecer que não podem ser transformadas num boneco de cera nas mãos de cada detentor do poder, que pode torcê-lo e moldá-lo em qualquer forma que lhe apraz."

4.3.4. Contexto da reforma: economia e ideologia como elementos subjacentes

Os elementos econômico e ideológico podem ser fator de limitação ou de aceleração de mudança social e jurídica. Em determinadas condições, sua influência pode crescer de importância. No cenário internacional, operou-se, progressivamente, a partir dos anos oitenta, um acelerado processo daquilo que, de forma repetitiva, chamou-se "globalização". A globalização é basicamente um processo econômico-financeiro e, com tal hegemonia, não veio sozinho, nem poderia: veio acompanhado e estimulado, num processo dialético, pela doutrina neoliberal. Na prática, esta última supõe a aplicação de um conjunto de medidas variáveis, conforme o nível econômico e as características do país, mas que sempre remetem ao afastamento máximo do Estado, em seus meios de atuação na economia – salvo, é claro, aqueles que reforçam o "espontaneísmo" do mercado – bem como o *laissez faire, laissez passer*. Em algumas de suas versões caricaturais, converte-se em idolatria ou "fundamentalismo de mercado". Aquela, a globalização, é o aprofundamento acelerado – a partir da revolução técnico-científico de informática – da tendência à integração da economia mundial.[170] Entenda-se a integração como

---

[170] Apesar de que áreas inteiras – ou quase – como a África, permaneçam virtualmente à margem de tal processo.
A expressão *mundialização* é mais utilizada por politólogos e sociólogos franceses, e corresponde melhor à realidade. A expressão *globalização* está, evidentemente, impregnada de origem ideológica. Primeiramente, vinca o sentido do fim das barreiras e do localismo, o que é ilusório, e não ocorre.

estabelecimento de vínculos desiguais e subordinantes entre diferentes áreas. Certamente, tal processo teria de implicar alterações mais ou menos profundas, nem tanto nas economias centrais, mas nas dos países periféricos, de forma a remover os entraves restantes à penetração e ao controle do capital internacional. Isso se faz acompanhar de um impressionante processo de fusão, absorção e incorporação entre grandes empresas transnacionais, e absorção de pequenas e médias pelas maiores nos planos interno e internacional. Igualmente, o processo de globalização implicou – como não poderia deixar de ser – impacto nas esferas políticas e jurídico-constitucionais.

José Eduardo Faria[171] comenta, com muita precisão, o impacto que se dá em forma de rupturas institucionais, nas estruturas jurídicas e políticas legadas pelos Estados liberal e social, respectivamente, nos séculos XIX e XX:

"As rupturas mais importantes, cujos desdobramentos constituem o objeto de todos os ensaios que compõem esta coletânea, são as seguintes:
1 – mundialização da economia, mediante internacionalização dos mercados de insumo (p. 40), consumo e financeiro, rompendo com as fronteiras geográficas clássicas e limitando crescentemente a execução das políticas cambial, monetária e tributária dos Estados nacionais;

Percebe-se facilmente que no bloco hegemônico do G8, por exemplo, existe, em seu interior, a hegemonia estadunidense, e que, esse país mantém barreiras alfandegárias protetivas, que o Brasil bem conhece. Aliás, mantém entraves variados à circulação de pessoas, isto é, entrada no país, inclusive, mantendo um muro, muitíssimo maior que o de Berlim, na fronteira com Ciudad Juarez, no México. E só não há maior no controle do ingresso porque a mão-de-obra clandestina aceita encargos e salários que os norte-americanos recusam. Em segundo lugar, a expressão *globalização* vinca a idéia de totalidade, apagando as diferenças e particularidades. O aspecto ilusório – falsamente real – da globalização são os *shopping centers* padronizados no globo, os computadores, a língua inglesa, a linguagem empresarial agressiva e banalizada. O aspecto real é a crescente exclusão, a miserabilidade – em todas as raças e cores – inclusive em bolsões norte-americanos e europeus -, o chauvinismo, a xenofobia e a criminalidade.
[171] *Direito e Globalização Econômica, Implicações e Perspectivas*, 1996, p. 10/11.

2 – desconcentração do aparelho estatal, mediante a descentralização de suas obrigações, a desformalização de suas responsabilidades, a privatização de empresas públicas e a 'deslegalização' da legislação social;

3 – internacionalização do Estado, mediante o advento dos processos de integração formalizados pelos blocos regionais e pelos tratados de livre comércio e a subseqüente revogação dos protecionismos tarifários, das reservas de mercado e dos mecanismos de incentivos e subsídios fiscais;

4 – desterritorialização e reorganização do espaço da produção, mediante a substituição das plantas industriais rígidas surgidas no começo do século XX, de caráter 'fordista, pelas plantas industriais 'flexíveis', de natureza 'toyotista', substituição essa acompanhada pela desregulamentação da legislação trabalhista e pela subseqüente 'flexibilização' das relações *concretuais*;

5 – fragmentação das atividades produtivas nos diferentes territórios e continentes, o que permite aos conglomerados multinacionais praticar o comércio inter-empresa, acatando seletivamente as distintas legislações nacionais e concentrando seus investimentos nos países onde elas lhes são mais favoráveis;

6 – expansão de um direito paralelo ao dos Estados, de natureza mercatória (*lex mercatoria*), como decorrência da proliferação dos foros de negociações descentralizados estabelecidos pelos grandes grupos empresariais.

O denominador comum dessas rupturas, é como se vê, o esvaziamento da soberania e da autonomia dos Estados nacionais".

Este processo de globalização, evidentemente, ganhou impulso com o colapso do sistema do "socialismo real", e com o fim da União Soviética.

Como foi destacado anteriormente, várias formas de mudança jurídica se operam *em decorrência* e *em prol* da globalização neoliberal.

No que de mais perto se refere à presente obra, é importante assinalar que a partir dos anos oitenta opera-se um processo de mudança jurídica no campo constitucional internacional. Para além das novas constituições européias - portuguesa e espanhola, e do leste europeu, nos anos noventa – as tradicionais constituições européias produzem reforma, ou mutação, para adaptar-se à progressão da Comunidade para a União Européia. No entanto, interessa mais perceber que, a partir dos anos oitenta, os países da América Latina produzem um processo de reforma constitucional, com mais ou menos mutação, que, nos pontos estratégicos, tem grandes semelhanças. Primeira e positivamente, no nosso caso, com vista ao Mercosul, e nos demais, com vista ao Direito Internacional, como é o caso da Argentina, do Uruguai e de outros. Principalmente, as mudanças operadas na América Latina tendem, como já se expôs, ao esvaziamento dos poderes de atuação do Estado na esfera econômica.

O Chile foi um dos Estados precursores, a partir da estabilização da ditadura Pinochet, instaurada em 1973. Após, a Bolívia, a partir de 1985; Salinas, no México, a partir de 1988, Ménem, na Argentina, e Carlos Andrez Perez, na Venezuela, em 1989;[172] Fugimori, no Peru em 1990, e o Brasil, no mesmo ano, com o governo Collor de Mello.

Em algumas das situações desses países, o processo dá-se por atos de administração e governo, por leis ordinárias, por tolerância judicial, caracterizando ou aproximando-se das mutações inconstitucionais, ao ultrapassar os limites.

---

[172] Curiosamente, o primeiro detido em junho de 2001, por determinação judicial; o segundo, num processo judicial conducente a prisão. Fugimori abandonou o Peru e é investigado.

No caso do Brasil – como no argentino – o caminho do processo foi aplainado por emendas à Constituição, autorizando a reeleição dos Presidentes da República e permitindo a montagem de uma estratégia de mais longo curso.[173]

---

[173] Para Paulo Bonavides, o "golpe de Estado institucional", branco e progressivo, começa aí (in *Do País Constitucional ao País Colonial*, op. cit.).

Conclusão

O tema *mudança constitucional* carece de tratamento sistemático e de atenção dos constitucionalistas, especialmente em países periféricos, subordinados, como é o caso da América Latina, em geral, e do Brasil, em particular, em que a mudança, de algumas décadas para cá, se dá numa velocidade e num ritmo quase desconcertante, no bojo da chamada "inflação legislativa" e à margem da lei também.

A mudança constitucional, numa perspectiva unitária, compreende mudança integral – substituição de uma constituição escrita por outra – e mudança parcial, com ou sem alteração do texto, o que corresponde, em verdade, à mudança da "constituição material" e da "constituição formal", que não pode ser examinada como parte de pólos isolados, mas de forma complementar.

Na mudança jurídica e constitucional, os "fatos" sociais, a "realidade", ou os "fatores reais de poder" têm uma ação determinada, dependentemente da forma e do grau de articulação entre os fatores econômicos, nacionais, internacionais, políticos, culturais e outros, ora sobressaindo uns, ora outros, no direito comparado. A mudança constitucional é marcada por peculiaridades – processuais e procedimentais, caráter marcadamente político, ritmo mais lento.

No caso em estudo – Brasil pós-88 – envolvendo também as condições de criação da Constituição de 5 de outubro de 1988, podem-se assentar algumas conclusões, a começar pela importância que sucessiva e articuladamente desempenharam os fatores externos, econômicos e ideológicos. Assim, as condições de criação da Constituição de 1988 contribuem – embora não de forma absoluta, nem determinante – para o ritmo intenso e para profundidade das mudanças ocorridas.

O poder constituinte originário, material e formal, foi efetivamente limitado pelos "fatores reais de poder". Os elementos de restrição, de natureza política (excessivamente autonomizados nos estamentos militares) impuseram, de forma visível, limite à Constituinte, quer transparecendo pelo modo formal do ato convocatório, quer por seu conteúdo, estipulando *quorum* de votação e forma congressual de constituinte – com um terço de Senadores eleitos sem aqueles poderes. O pacto hegemônico – a "transição pela transação" – que compõe parte do poder constituinte material – garante um programa econômico, previamente estabelecido, que é visível nos discursos do Presidente Tancredo Neves. Era pacto mais *restaurador* que *renovador*; neste ponto, com razão, Manoel Gonçalves Ferreira Filho, embora suas conclusões, partindo daí, não sejam adequadas.

Promulgada a Constituição de 1988, imediatamente consolida-se o seu "bloqueio", que se traduz, entre outras formas, na negativa da necessária complementação por leis complementares e ordinárias, passados 15 anos da promulgação. "A força normativa da Constituição" (Hesse), que é real, não consegue, de forma decisiva, vencer o bloqueio. Nem o "sentimento constitucional" (*Loewenstein*, *Verfassungsgefühl*), nem a "vontade de constituição" (K. Hesse) conseguem fazê-lo. Portanto, de alguma forma, estamos próximos de uma "mutação por inércia", tendentemente inconstitucional, mesmo e inclusive diante da expressa previsão de um remédio no texto, em seu artigo 103, § 2º. Em bom número de outros casos, vários citados, entre eles a reedição sistemática de medidas provisórias, a mutação ofende a separação de poderes, e opera com a conivência ou inércia de todos os órgãos de Estado, transpondo os limites, que, em nossa opinião, já exposta, são o texto.

A reforma é o elemento central da mudança parcial no Brasil pós-88, superando em importância jurídica, política e social o processo de mutação. O exame comparativo, ainda que não de modo exaustivo, permite chegar a tal conclusão. A permissão de reeleição do Presidente da República, a supressão de competências e de monopólio estatal de prestação de serviços públicos, econômicos, e as medidas de abertura constantes ao capital estrangeiro, por si sós, o demonstram, pois possuem repercussão incomparavelmente maior que das alterações produzidas pela mutação.

A revisão constitucional, realizada em 1994, realiza-se contra a justa opinião de juristas como Paulo Bonavides, que a viam, acertadamente, condicionada e limitada ao plebiscito do ano de 1993. De qualquer sorte, foi de pouca significação.

A reforma constitucional pós-88 operou-se como "síntese de múltiplas determinações sociais". Porém, as determinações mais consistentes, no caso, estão na esfera externa – financeira/econômica/ideológica, semelhantemente ao que ocorreu, por exemplo, na reconstitucionalização de 1946.

A mudança parcial por reforma franqueou ou violou os limites explícitos e implícitos ao poder de reforma, que lhes são inerentes.

Dois grupos de juristas separam-se no exame crítico de "mudança formal" no Brasil pós-88. O primeiro, aparentemente mais forte, mais próximo dos representantes do poder político tradicional e econômico, batendo-se pelo prosseguimento da reforma, depois de aplaudir o que já foi feito. Tal é o caso dos juristas Manoel Gonçalves Ferreira Filho, especialmente, e em menor medida Celso Ribeiro Bastos e Gilmar Ferreira Mendes. O segundo grupo, no pólo oposto, a quem repugna reconhecer legitimidade aos excessos praticados contra os princípios e fundamentos da Constituição, em nome da reforma, que não tem qualquer solidariedade com o texto e princípios de origem. Tal é o caso de Paulo Bonavides, Dalmo Dallari, Celso Antônio Bandeira de Mello e outros. Não são muitas as posições intermediárias. Ainda que não acatando inteiramente os fundamentos teóricos, estamos em que a posição constitucional mais justa é aquela que faz objeções críticas ao processo de reforma, tal como se desencadeou, principalmente porque minimiza e subestima o processo de democracia e a manifestação livre de vontade popular.

Em algumas emendas, os fundamentos de Constituição são atingidos: aquela que revoga o artigo 171 (nº 6/95), definindo a empresa brasileira de pequeno porte e capital nacional; a de nº 8, que autoriza empresas privadas nacionais ou estrangeiras a explorar os serviços de telecomunicações e energia elétrica, relativamente à soberania nacional; "reforma administrativa" – emenda nº 19, ou a de nº 20, sobre Previdência Social, relativamente a direitos fundamentais adquiridos.

Outras vezes, como salientado, por lei ordinária, v.g. Lei 8.031/90, operam-se mudanças importantes na direção da dezestatização, tendendo à mutação inconstitucional, porque o aparato estatal de atuação poderia ser reduzido, mas nunca nessa proporção (arts. 170, 172, etc.).

Ademais, a velocidade e sucessividade de emendas à Constituição revela e marca a crise institucional, constitucional e política. Relevante é destacar, de novo, neste processo, as milhares de medidas provisórias editadas, com tolerância do Congresso Nacional e do Supremo Tribunal Federal, como processo de mutação, por normas legisladas.

Poder constituinte, poder de reforma e poder de mutação, no processo pós-88 de mudança, articulam-se, embora sem condicionamento mecânico, em graus de autonomia variáveis. Os fatores de limitação/condicionamento do poder constituinte material e formal pré-88 (econômicos, políticos, sociais e seus agentes) não se desarticularam nem sofreram derrota, nem passaram a plano secundário. Pelo contrário, passaram a agir com desenvoltura. O elemento econômico e ideológico externo, que em nosso ver, marca a mudança constitucional pós-88, articulou-se poderosamente em escala internacional/mundial, simbólica e efetivamente com a destruição do Muro de Berlim e com a extinção da União Soviética, em 1991. As reformas constitucionais, em diversos países da América Latina têm, muitas vezes, uma "coincidência" pontual impressionante. Documentos escritos do Banco Mundial e do Fundo Monetário Internacional propõem explicitamente as "reformas" coincidentes, no Peru, Argentina, Brasil, Venezuela, etc. A revolução tecnocientífica da eletrônica e informática teve, neste processo, desde fora, importância marcada, e consideravelmente maior do que nos processos de mudança anteriores de nossa história constitucional.

A teorização de Friedrich Müller, muito atraente, não parece capaz de dar conta dos dilemas de uma nação periférica, em que "programa normativo" e "âmbito normativo" estão freqüentemente em contradição inconciliável.

Finalmente, reiteramos adesão à tese de Konrad Hesse, ao reconhecer a existência de limites da mudança "formal" e "informal" no próprio texto da Constituição. Parte significativa das emendas e da mutação efetivada no Brasil pós-88 carece de legitimidade, porque viola fundamentos da Constituição e pode significar uma viagem sem rumo, ou pior, degradação irreparável.

Pior do que tudo – e como sempre – as reformas foram feitas de costas para o povo, sem oportunidade de razoável debate.

Referencial bibliográfico

ACADEMIA DE CIENCIAS. *Diccionario de Filosofia*. Moscú: Editorial Progreso, 1984.

ANTUNES, Marcus Vinicius Martins. Revisão Constitucional: linhas para debate da teoria econômica da constituição. In *Estudos Jurídicos*, vol. 27, nº 71. Set/dez 1994, São Leopoldo.

BARROSO, Luís Roberto. *Interpretação e Aplicação da Constituição: fundamentos de uma dogmática constitucional transformadora*. São Paulo: Saraiva. 1996.

———. Dez anos da Constituição de 1998. In *O direito público em tempos de crise: estudos em homenagem a Ruy Ruben Ruschel/ Alexandre Pasqualini et ali*. Ingo Wolfgang Sarlet, organizador. Porto Alegre: Livraria do Advogado, 1999.

BASTOS, Celso Ribeiro. *Curso de Direito Constitucional*, 16ª ed. – São Paulo: Saraiva, 1994.

BONAVIDES, Paulo. *Ciência Política*. 3ª ed. Rio de Janeiro: Forense, 1976.

———. *Curso de Direito Constitucional*. 4. ed. São Paulo: Malheiros, 1993.

———. *Do País Constitucional ao País Neoliberal*. São Paulo: Malheiros, 1999.

BRITO, Edvaldo. *Limites da Revisão Constitucional*. – Porto Alegre: Fabris, 1993.

BULOS, Uadi Lammêgo. *Mutação Constitucional*. São Paulo: Saraiva, 1997.

CAMPANHOLE, Adriano; LOBO, Hilton. *Constituições do Brasil*. São Paulo: Atlas, 1979.

CANOTILHO, José Joaquim Gomes. *Direito Constitucional e Teoria da Constituição*. Coimbra: Almendina, 1998.

CARRION, Eduardo Machado Kroeff. *Apontamentos de Direito Constitucional*. Porto Alegre: Livraria do Advogado, 1997.

———. *Reforma Constitucional e direitos adquiridos e outros estudos*. Porto Alegre: Síntese, 2000.

CHINOY, Hely. *Dicionário de Ciências Sociais*. Rio de Janeiro: Fundação Getúlio Vargas, 1986.

DALLARI, Dalmo de Abreu. *Elementos de Teoria Geral do Estado*. 4ª ed. São Paulo: Saraiva, 1977.

DUVERGER, Maurice. *Ciência Política Teoria e Método*. 3ª ed. Rio de Janeiro: Zahar, 1981.

ENGELS, Friederich. *Marx, Engels, Obras Escogidas*. Moscú: Progreso, 1975.

FARIA, José Eduardo. *Direito e Globalização Econômica, Implicações e Perspectivas*. São Paulo: Malheiros, 1996.

——. *Eficácia Jurídica e Violência Simbólica*: o direito como instrumento de transformação social. São Paulo: Editora da Universidade de São Paulo, 1988.

——. *O Brasil Pós-Constituinte*. Rio de Janeiro: Graal, 1989.

FERRAZ, Anna Candida da Cunha. *Processos Informais de Mudança da Constituição*. São Paulo: Max Limonad, 1986.

FERRAZ, Tércio Sampaio. *Teoria da Norma Jurídica: ensaio de pragmática da comunicação normativa*. Rio de Janeiro: Forense, 1997.

FERREIRA, Luís Pinto. *Princípios Gerais de Direito Constitucional Moderno*. São Paulo: Revista dos Tribunais, 1971.

FERREIRA FILHO, Manoel Gonçalves. *Comentários à Constituição Brasileira de 1988*, vol. 4. São Paulo: Saraiva, 1995.

——. *Curso de Direito Constitucional*. 17ª ed. Rev. e atual. São Paulo: Saraiva, 1989.

——. *O Poder Constituinte*. São Paulo: Saraiva, 1999.

HÄBERLE, Peter. *A Sociedade Aberta dos Intérpretes da Constituição*. Porto Alegre: Fabris, 1997.

HARTZ, Bruno Sérgio de Araújo. O costume constitucional, p. 49-62, in *O direito público em tempos de crise: estudos em homenagem a Ruy Ruben Ruschel / Alexandre Pasqualini et ali*. Ingo Wolfgang Sarlet, organizador. Porto Alegre: Livraria do Advogado, 1999.

HELLER, Herman. *Teoria del Estado*. México: Fondo de Cultura Económico,1942.

HESSE, Konrad. *A Força Normativa da Constituição*. Porto Alegre: Fabris, 1991.

——. *Elementos de Direito Constitucional da República Federal da Alemanha*. Porto Alegre: Fabris, 1998.

——. *Escritos de Derecho Constitucional*. Madrid: Centro de Estudios Constitucionales, 1983.

HORTA, Raul Machado. Permanência e Mudança na Constituição. *Revista de Informação Legislativa*, Brasília, .29, nº 115, 9-16, jul/set. 1992.

HSÜ DAU-LIN. *Mutación de la Constitución*. Bilbao: Instituto Vasco de Administración Pública, 1998.

JELLINEK, George. *Reforma y Mutación de la Constitución*. Madrid: Centro de Estudios Constitucionales, 1991.

KELSEN, Hans. *Teoria Pura Del Derecho*. 12ª ed. Buenos Aires: Eudeba, 1974.

LAKATOS, Eva Maria e MARCONI, Marina de Andrade. *Sociologia Geral*. 5. ed. São Paulo: Atlas, 1985.

LASSALLE, Ferdinand. *O que é Constituição?* Vila Marta: Porto Alegre, 1980.

LOWENSTEIN, Karl. *Teoria de la Constitución*. Barcelona: Ariel, 1983.

MELLO, Celso Albuquerque. *Direito Constitucional Internacional: Uma Introdução*. 2ª ed. rev. Rio de Janeiro: Renovar, 2000.

MENDES, Gilmar Ferreira. Reforma da Constituição in *Cadernos de Direito Constitucional e Ciência Política*, nº 21. São Paulo: Revista dos Tribunais / Instituto Brasil de Direito Constitucional, out/dez, 1997.

———. *Jurisdição Constitucional: o controle abstrato das normas no Brasil e na Alemanha*. São Paulo: Saraiva, 1996.

MIRANDA, Francisco Cavalcanti Pontes de. *Comentários à Constituição de 1967. com a emenda nº 1 de 1969*. 3ª ed. Rio de Janeiro: Forense, 1987 (tomo I).

———. *Tratado de Direito Privado*. Rio de Janeiro: Borsói, 1954. tomo I.

MIRANDA, Jorge. *Manual de Direito Constitucional*, 2ªed. Coimbra: Coimbra, 1993. Tomo II. Introdução à Teoria da Constituição.

MORAES, Alexandre de. *Curso de Direito Constitucional*. São Paulo: Atlas, 2001.

———. *Direito Constitucional*. 9ª ed. São Paulo: Atlas, 2001.

MÜLLER, Friedrich. *Métodos de Trabalho do Direito Constitucional*. Trad. Peter Naumann. Porto Alegre: Síntese, 1999.

NETTO, Antônio Garcia de Miranda. "Mudança social", *in Dicionário de Ciências Sociais*. Benedicto Silva, Coordenação Geral MEC (Fundação de Assistência ao Estudante). Editora da Fundação Getúlio Vargas. Rio de Janeiro: 1986.

OS PENSADORES PRÉ-SOCRÁTICOS. *Fragmentos, Doxografia e Comentários*. Trad. José Cavalcante de Souza e outros. São Paulo: Nova Cultural, 1996.

PRADO JUNIOR, Caio. *A Revolução Brasileira*. São Paulo: Editora Brasiliense, 1966.

REALE, Miguel. *Lições Preliminares de Direito*. 22. ed. São Paulo: Saraiva, 1995.

ROSA, Felippe Augusto de Miranda. *Sociologia do Direito: o fenômeno jurídico como fator social*. 13. ed. Rio de Janeiro: Zahar, 1996.

RUSCHEL, Ruy Ruben. *Direito Constitucional em Tempos de Crise*. Porto Alegre: Sagra Luzzatto, 1997.

SARLET, Ingo Wolfgang. *A Eficácia dos Direitos Fundamentais*. Porto Alegre: Livraria do Advogado, 1998.

———. Os direitos fundamentais sociais na Constituição de 1988. In *O direito público em tempos de crise: estudos em homenagem a Ruy Ruben*

Ruschel / Alexandre Pasqualini (et al). Ingo Wolfgang Sarlet, organizador. Porto Alegre: Livraria do Advogado, 1999.

SCHMITT, Carl. *Teoría de la Constitución*. México: Nacional, 1981.

SICHES, Luis Recasens. *Tratado General de Filosofia del Derecho*. 3ª ed. México: Porrua, 1965.

SIEYÉS, Emmanuel. *A Constituinte Burguesa, que é o Terceiro Estado*. Aurélio Bondeu Bastos (org.). Trad. de Norma Azeredo. Rio de Janeiro: Líber Juris, 1986.

SILVA, Gustavo Just da Costa e. *Os Limites da Reforma Constitucional*. Rio de Janeiro: Renovar, 2000.

SILVA, José Afonso. *Poder Constituinte e Poder Popular (Estudos sobre a Constituição)*. São Paulo: Malheiros, 2000.

SOUTO, Cláudio e SOUTO, Solange. *A explicação sociológica: uma introdução à sociologia*. São Paulo: EPU, 1985.

SOUZA, Luiz Sérgio Fernandes de. *O Papel da Ideologia no Preenchimento de Lacunas do Direito*. São Paulo: Editora Revista dos Tribunais, 1993.

STRECK, Lenio Luiz. *Eficácia, Poder e Função: a ilegitimidade constitucional do efeito vinculante*. Porto Alegre: Rigel, 1998.

———. *Constituição: Limites e Perspectivas da Revisão*. Porto Alegre: Rigel, 1993.

VEGA, Pedro de La. *La Reforma Constitucional y la Problemática del Poder Constituyente*. Madrid: Tecnos, 1986.

VELLOSO, Carlos Mário da Silva. É possível a revisão da constituição de 1988? In *Dez anos de Constituição: uma análise* / coordenação Instituto Brasileiro de Direito Constitucional – IBDC. São Paulo: Celso Bastos: Instituto Brasileiro de Direito Constitucional, 1998.

VERDÚ, Pablo Lucas. *Curso de Derecho Politico*. Vol. II, 3ª ed., 2ª reimp. – Madrid: Tecnos, 1986.

VIEIRA, Oscar Vilhena. *A Constituição e sua Reserva de Justiça*. São Paulo: Malheiros, 1999.

VIAMONTE, Sanches. *El Poder Constituyente*, Buenos Aires: Editorial Bibliográfica Argentina, 1957.

XAUZA, Leônidas Rangel. *A Constituinte questionada*. Porto Alegre: L&PM, 1986.